路在嘴上

——赢得人心的艺术

How to Develop Courage and Make Speaking

（美）戴尔·卡耐基 著

林澜 译

时代出版传媒股份有限公司

安徽文艺出版社

图书在版编目（CIP）数据

路在嘴上：赢得人心的艺术/(美)卡耐基(Carnegie, D.)著；
林澜译. —合肥：安徽文艺出版社，2012.3
（理想图文藏书·卡耐基作品）
ISBN 978-7-5396-4062-4

Ⅰ. ①路… Ⅱ. ①卡… ②林… Ⅲ. ①演讲学－通俗读物
Ⅳ. ①H019-49

中国版本图书馆CIP数据核字(2012)第022805号

出 版 人：朱寒冬　　　　　丛书统筹：岑　杰
特约编辑：张秀琴　　　　　责任编辑：周　康　岑　杰
图片解说：大雅堂　　　　　装帧设计：视觉共振工作室

出版发行：时代出版传媒股份有限公司　www.press-mart.com
　　　　　安徽文艺出版社　www.awpub.com
地　　址：合肥市翡翠路1118号　邮政编码：230071
营 销 部：(0551)3533889
印　　制：天津海德伟业印务有限公司 电话：022-29937888

开本：889×1194　1/32　印张：8.875　字数：200千字
版次：2012年5月第1版　2021年5月第2次印刷
定价：35.00元

成功其实如此简单，只要你遵循卡耐基先生这些简单适用的人际标准，你就能获得成功。

——马克·维克多·汉森

代序　路在嘴上
——浅谈赢得人心的演讲艺术

　　看过钱钟书《围城》的读者一定记得，方鸿渐在回国后不久被母校请去演讲，因错穿弟弟的长衫，加之没带演讲稿，结果演讲闹出了糗事。译完戴尔·卡耐基的《路在嘴上——赢得人心的艺术》，我禁不住要想，假如方鸿渐看过本书，他未必会出那个洋相，更不会认为演讲是讲废话，出臭汗，是活受罪。因为卡耐基先生通过自己的培训课程和本书，让无数不能有效沟通的人成了演讲和沟通的高手。

　　方鸿渐平时与人交谈，还是谈吐得体、应对自如的，他反击情敌、追求女友、说俏皮话都没问题，却为何怕演讲到那种地步呢？无非是对演讲没兴趣，没有什么目的要通过演讲来达到。也就是说，非不能也，实不为也。方鸿渐的好朋友赵辛楣却正好相反。他最擅长用美国话演说，虽然在追求苏小姐时他这个本领使不出来，但是后来这对朋友同时经历了失恋，赵辛楣的人生态度要比方鸿渐洒脱、乐观，前者很快就摆脱了失恋的负面情绪，而后者很长一段时间都无法从失恋的阴影中走出来。也许钱老先生只是出于无意，他笔下的这两位主人公，害怕、讨厌演说的那个后来无论是在工作上还是生活上，都不如喜欢演说的那个舒心。当然他们的人生悲欢不一定会和喜欢演说与否有必然的联系,但是我们从他们对演讲的态度可以看出,方鸿渐较赵辛楣要被动、消极一些,这样他在各方面的发展当然都会受到影响。

方鸿渐也许不知道,演讲是一种历史悠久的社会活动。4000多年前,古埃及的法老就认为演讲比打仗更有威力。以色列人的祖先摩西是一位空前伟大的先知,同时也是伟大的军事战略家、政治家、宗教家和立法者,还是一位诗人和演讲家。摩西五经的《申命记》("经文"或"演讲"之意)就收录了摩西的一系列演说讲话。演讲也用于古希腊、罗马共和国议会的辩论,是古希腊、罗马贵族民主政治的一种产物。在古希腊和罗马,产生过苏格拉底、伊索克拉底、亚里士多德、昆体良、西塞罗等一大批演说家,他们还办了"演讲学校"。正是他们及其演说词、辩护词、论战词等形成了古希腊-罗马演讲的文化传统。可以说,古希腊的民主政治、民主辩论和演讲促成了古希腊的灿烂文明。

在中国,演讲这一形式在先秦的古代社会就已盛行。中国最早的一部历史学文献《尚书》中就记载了《甘誓》、《汤誓》、《牧誓》等好几篇演讲词。我国历史上也曾涌现出许多口才出众的人物，例如战国时施展合纵连横之术的苏秦、张仪，以敏捷的思维、雄辩的口才出使楚国而闻名的齐国重臣晏子，舌战群儒的诸葛亮，铁齿铜牙的纪晓岚，等等。此外，更有高雅者如晋代高僧佛图澄，他与诸学士论辩凝滞，无能屈者。根据《晋书·艺术传·佛图澄》的记载：后赵国主石勒召佛图澄，试以道术。佛图澄便"取钵盛水，烧香呪之，须臾钵中生青莲花，光色曜日"。后人用"口吐莲花"来比喻口出妙语，说话有文采，"莲花"是佛教的象征，是吉祥和清净的标志，这是对有口才之人的赞美。

上述这些中外演说家们有肤色、民族之别，他们的年龄、性别、观点、宗教信仰、才情禀赋、性格修养也不尽相同。但他们的演讲都是运用语言的杰作。他们或披肝沥胆，直抒胸臆；或含蓄深沉，曲开情怀；或从容不迫，潇洒飘逸；或气吞山河，振聋发聩。他们以演讲的真谛，拨动了无数听众的心弦，留下了脍炙人口的著名篇章，给予读者震撼的感受。且不说那些改变历史的演讲，如20世纪30年代罗斯福总统的就职演说、丘吉尔在二战初期就任英国首相后的首次演讲等，我们也许不太能想到葬礼演说也曾颇为盛行，它不仅对死者的生平和贡献作出了恰如其分的评价，更挖掘出了对生者有益的启示。在漫长的时期里，它一直是欧洲政治文明的一部分。本书附录所辑的演说，如苏格拉底的《申辩》、林肯的《葛底茨堡演说》和马丁·路德·金的《我有一个梦想》，都是不朽的演说名篇，从中可以一窥伟大演说家的非凡风采。

在现代社会，敏于表达、善于表达的人，更有可能在激烈的竞争中脱颖而出。口才出众的演讲家，其演讲的成功往往可归因于长年的知识储备和人格修炼。在知识的海洋里广泛涉猎，不断积累书本知识和人生经验，才有可能使自己成为一个学识渊博、胸怀博大的人。学习演讲是一个提高能力、增长才干的过程，也是一种意义深远的社会实践活动。在学习演讲的过程中，要善于观察、分析各种社会现象，以便更确切地得出自己的结论，这无疑有助于练就敏锐的观察能力、深刻的分析能力、丰富的想象力和精准的判断能力，等等。

高效而且富有表现力的演讲是我们打开成功之门的金钥匙。有人说："眼睛可以容纳一个美丽的世界，而嘴巴则能描绘一个精彩的世界。"在现代社会，要征服一个人，以至于征服一群人，用的并不是刀剑，而是舌头。我们所讲的感染心灵的入情入理的话，能促进我们与他人的沟通，能消减我们可能面临的阻力，能团结他人与我们共同去实现美好的目标。因此可以说，演讲是一门赢得人心的艺术，一门走向成功的艺术，也是一门值得学习的艺术！

卡耐基的这本书，对演讲的艺术条分缕析，从心理学、传播学和历史文化等众多层面揭示了成功演讲的奥秘，同时也解答了学习演讲的过程中面临的众多问题。书中举了大量的实例，能让读者从活生生的事例中受到很多的启迪。这是一本风靡世界的实用演讲经典读物。学习艺术，请从本书开始吧。路在嘴上！

林澜

2011年9月15日

目录

第一部分 有效演讲的基本技巧

第二部分 演讲、演讲者和听众

第三部分 有备演讲与即兴演讲的目的

第四部分 沟通的艺术

第五部分 有效演讲的挑战

附录　外国著名演说词六篇

戴尔·卡耐基

路在嘴上
——赢得人心的艺术

（美）戴尔·卡耐基 著

西奥多·罗斯福总统发表连任演说 |1905 年

第一部分
有效演讲的基本技巧

第一章 掌握当众演讲的基本技能

1912年，也就是"泰坦尼克号"轮船沉入北大西洋冰海之中的那一年，我开始开设课程，教授如何当众演讲。自此以后，数百万学员参加并完成了该课程的学习。

在戴尔·卡耐基第一届培训班开课前的示范会上，学员们都有机会谈自己报名参加培训的原因，以及期待培训有何收获。尽管说法各异，但是大多数学员的主要愿望与基本需求都是一样的。

"要是有人叫我站起来说话，我就会很不自在，很是害怕，脑子一片混乱，精力不能集中，记不起自己想说什么。我想获得自信，做到沉着冷静，反应敏捷。我希望能将自己的想法组织得井井有条，无论是谈生意还是社交，都能表达清晰，富有说服力。"

这些话听起来是否耳熟？你是否同样也有这种力不从心的感觉？难道你就不愿花点钱，以便能够在公众面前讲话时令人信服心动吗？我相信你是愿意的。你已经开始阅读本书了，这就证明你对获得高效演讲的能力感兴趣。我知道，如果你当面跟我交谈，你会这样问：

"可是卡耐基先生，您真的认为我能培养信心，当着一群人的面站起来讲话既连贯又流畅吗？"

"泰坦尼克号"的处女航

　　我几乎将一生的时间都用于帮助人们摆脱恐惧、培养勇气、建立信心。培训班上发生的种种奇迹，足以写成许多本书。因此，这个问题不在于我认为如何。我知道的是，只要你根据本书的方法与建议去练习，你就能做到。

　　为什么你在公众面前站着就不能像坐着时那样轻松地思考？这多少有点原因吧？为什么你一站起来当众讲话就紧张不安、浑身发抖？这也是有原因的吧？当然，你要知道这种情况是可以补救的，通过培训与练习，听众让你产生的恐惧会慢慢消除，你会获得自信。

　　本书将会有助于你实现这个目标。这不是一本普通的教科书。书里不会满是演讲技巧的种种规则，也不会侧重讲有关发声、发音的生理学知识，而是我毕生研究如何训练成人有效演讲的精华。从现在的你开始，以此为前提，最终成为你期望中的自己。你需要做的就是：遵循本书中的建议，将其运用于每次演讲，并且持之以恒。

　　为了发挥本书的最大效用，迅速达到目的，请遵循以下四条有用的原则：

第一、从他人的经历中获取信心

　　无论是圈养的还是放养的，没有哪种动物天生就是演说家。历史上曾有这样一些时期，当众演讲是一门优雅的艺术，人们严格遵守修辞规则，讲话很得体。那时，成为天生的公众演说家更是难之又难。如今，我们把当众演讲视为一种更加广泛的交谈。以前那种夸张风格地高声宣讲已经一去不复返。无论是参加晚宴、在教堂做礼拜，还是看电视、听广播，我们都希望听到蕴涵在常识之中的坦率的话语，还为此提出这样的主张：我们喜欢演讲者跟我们谈话，而不是对我们宣讲。

许多学校的教科书都想让我们相信：当众演讲只是少数人的艺术，只有经过多年的训练，完善发声的技巧，牢记复杂的修辞，才能掌握演讲的艺术。其实不然。我整个教学生涯几乎都在向人们证明一个事实：只要遵循几条简单又重要的规则，当众演讲就绝非难事。

1912年，我开始在位于纽约第125大街的基督教青年会授课。当时，我对当众演讲的认识与第一届学员相差无几。我差不多沿袭了在密苏里州华伦堡大学求学时老师们的授课方式，但是很快我就发现自己的路子不对，我竟把商界的成人当做大学新生来教。而且，让学员们一味模仿善于演说的韦伯斯特、伯克、皮特及奥康内尔等人纯属徒劳。班上学员们所需要的是敢于站起来发表演说，敢于在下次商务会议上作条理清晰、流畅连贯的报告。不久我便将教科书丢到一边，直接站到讲台上，与学员们探讨几个简单的概念，直到他们能做出令人心悦诚服的报告。这一招果然奏效，他们不断返回，期望学到更多的技巧。

真希望大家能有机会来我家或者我在世界各地的代理人的办公室里看看，浏览一下那里一摞摞的证明信件。来信的人有产业界的领袖人物，他们的大名经常出现在《纽约时报》和《华尔街日报》的商业版里，还有州长、国会议员、大学校长、娱乐界的名流，更有成千上万的家庭主妇、牧师、教师，甚至在自己的圈子里尚未成名的青年男女，以及公司主管、主管受训人、技能纯熟或生疏的劳工、工会会员、大学生、经商女性等。他们有一个共同点：渴望自信，渴望能够在公众面前恰当地表达自己。

这些学员的两个目标都达到了，因此特意来信向我致谢。我所教过的几千名学员中，有一个人在我撰写此书时出现在我脑海，因为当时他对我影响极大。

数年前，费城一位事业有成的商人D.W.根特先生报名参加了我的培训班。不久，他便邀请我共进午餐。席间，他探过身子对我说："卡耐基先生，我一次次逃避在各种聚会场合讲话的机会，这样的机会真是太多了。如今我已经是一所大学董事会的董事长，必须主持董事会议。先生，您看像我这个岁数的人，还能学会当众讲话吗？"

培训班的学员中，当初有着类似情况的人不在少数。根据我对他们的了解，我向根特先生保证，他一定能成功。

大约3年后，我们又在那家生产商俱乐部里共进午餐。我们吃饭的地方还是当年的那间餐厅，坐的还是那张餐桌。回忆起3年前那次谈话，我问根特先生我当初的预言是否已经成真。他笑了笑，从口袋中掏出一本红皮的小笔记本，上面记录着他接下来几个月的演讲安排。根特先生对我坦承道："能够当众发表这些演讲，享受这个过程带给我的乐趣，为社会额外提供服务——这一切称得上是我一生中最满意的事情。"

不过事情还没有结束，接着，根特先生带着无可非议的自豪感亮出王牌。一次，他所在社区的教堂邀请英国首相前来费城的一次宗教集会上发表演说。首相很少来美国，而被选出负责介绍这位杰出政治家的费城人不是别人，正是根特先生。

而3年前，也是这位根特先生，在同一张餐桌前，探过身来问我他是否能有朝一日当众演讲！

再来看看另外一个例子。

已故的大卫·M.古德里奇生前曾任B.F.古德里奇公司的董事长。一天，他到办公室来找我，开门见山地说：

"在这一生当中，我没有哪次讲话不是惊恐不安。我是公司的董事长，必须亲自主持会议。与大家围坐一桌时，我都能和他们畅谈自如。不过一旦站起来说话，我就吓得够呛，几乎一句话也说不出来。多年以来都是这样。我相信你也无能为力，毕竟这个问题太严重了，而且由来已久。"

"那么，"我问道，"既然你认为我帮不上你，为什么还要来找我呢？"

"只有一个原因，"他回答道，"我有一名会计帮我处理私人账目。小伙子平时很害羞。他去自己的办公室时必须穿过我的办公室。这么多年来，他每次经过总是蹑手蹑脚，眼睛盯着地板，难得说句话。但是最近，他好像换了个人似的。如今他走进我的办公室时，头抬得高高的，目光有神，下巴扬起，眼泛亮光，并且充满信心，精神焕发地跟我打招呼：'古德里奇先生，海伦·凯勒（1880 年—1968 年）原本是一个又聋又盲的人，最后却经过努力掌握了英、法、德等五国语言，并成了著名的作家、教育家、慈善家、演说家。丘吉尔说她是 20 世纪最伟大的女性。

《海伦·凯勒像》

早上好！'他的前后反差着实让我吃惊，于是我问他：'有谁在一直喂你肉吃吗？'他向我吐露了参加你的培训班一事，也正是因为亲眼目睹了这个曾经羞怯的小伙子发生了这么大的变化，所以我才特意登门拜访。"

我告诉古德里奇先生，只要他定期上课，严格按要求去做，那么不用几周，他就会觉得在大庭广众面前讲话是一种享受了。

"如果你能帮我达成心愿，"他回答，"那我就是全国最快乐的人了！"

他参加了培训班，并且进步神速。3个月后，我邀请他去参加在阿斯特酒店舞厅举办的会议——与会者有3000人之多，并请他谈谈参加培训的收获。他因有约在先，不能前来，对此他表示十分抱歉。第二天，他打电话来说："真是非常抱歉，我把之前那个安排取消了，我会为你去讲话。这是我欠你的。我会如实告诉听众我从你的训练中得到了什么。我这么做是希望借助自己的经历给听众以鼓励，帮助他们摆脱折磨人的恐惧。"

我只是让他讲两分钟，结果他面对三千听众讲了11分钟。

在培训班里，类似的奇迹，我见证了成千上万。我亲眼目睹了那些男男女女的人生因训练而发生的转变，很多人因此得到做梦都没想到的晋升，或者在商界、职场和社团中晋升到显赫地位。有时，这一切成就只需在适当的时候发表一番讲话就唾手可得。

下面，我们再来看看马里奥·拉索的故事吧。

几年前，我收到一份来自古巴的电报，让我很是吃惊。电报上说："我将来纽约参加您的演讲培训，除非您不让我来。"电报落款是"马里奥·拉索"。他是谁？我觉得奇怪，我可从未听说过他。

拉索先生抵达纽约后对我说："哈瓦那乡村俱乐部要为创始人庆祝50周岁生日，我应邀在当晚的庆祝会上献给他一个银杯，并做重要致辞。我是名律师，但我这一生从没发表过公众演说。一想到要讲话，我就害怕极了。如果做得不好，那我和太太在社交场合将会非常难堪，而且，也会降低我在客户中的威望。所以，我才千里迢迢从古巴来到纽约，请求您的帮助。我只能在这里待3周。"

那3周里，我让马里奥·拉索从这个班到那个班，每天晚上演讲三四次。3周后，他在哈瓦那乡村俱乐部的盛大聚会上发表了演说。他的那次演说精彩至极，《时代》杂志在国外新闻栏目对此作了报道，称马里奥·拉索为"辩才出色的演说家"。

这个故事听起来像个奇迹，是不是？这的确是奇迹——一个20世纪战胜恐惧的奇迹。

第二、制定目标，执著前行

根特先生说，刚学到手的当众演讲技巧让他快乐，这正说出了在我看来让他获得成功的一个因素（比任何其他因素都更为重要）。的确，他听从指导，认真完成了作业。但我坚信，他之所以这么做，是出于自愿的。而他之所以自愿这么做，是因为他自认为是位出色的演说家。根特先生设计好自己的未来，并朝着自己的设想努力。这正是你必须要做的。

肯尼迪总统的演说风采

『不要问国家能为你做什么，而要问你能为国家做什么』肯尼迪总统在1961年就职典礼上的名言至今仍为人们津津乐道。

自信与有效讲话的能力对你来说有多重要，你需要认真想清楚。想想吧，这或许能帮助你提高社交能力，结识新朋友，增强自己对他人、社会或教会的服务能力，甚至对你的事业产生重要影响。总之，它会让你做好担任领导的准备。

美国国家现金出纳机公司董事长、联合国教科文组织主席S.C.艾林先生曾在《演讲季刊》中发表过一篇文章，题为《演讲与商业领袖》。文章称："在我们公司的历史上，不少人因在讲台上的精彩演讲而获得青睐。许多年前，一位年轻人曾发表过一场出色独特的演讲，当时他是堪萨斯州一家小分公司的主管，而今已成为我们公司的销售副总裁了。"而我正好知道这位昔日的副总裁现在已经升至美国国家现金出纳机公司的总裁了。

能够从容演讲，你的前途将不可限量。有一位修完我们课程的学员，名叫亨利·布拉克斯通，是美国伺服公司总裁。他说："能够与他人进行有效的交流，并赢得与他们的合作——这是我们在那些向上提升的人身上找到的一种可贵品质。"

想一想，你站起身来，满怀自信地与听众分享自己的想法与感受，此刻，你心中该是多么惬意。我已几次环游世界，但凭借语言的力量征服听众所带来的乐趣是无与伦比的。它带给你力量之感，强大之感。有位毕业的学员曾说："开始讲话前两分钟，我宁可挨鞭子也不愿开口，不过讲到结束前两分钟，那就是宁可挨枪子儿也不愿停下来了。"

现在，开始想象你应邀去面对一群听众进行演讲。你看到自己满怀信心地迈步向前，听到开始后全场顿时安静下来，感觉到自己一点一点讲述时听众在全神贯注地倾听，感受到走下讲台时热烈的掌声，听到会议结束后听众和你打招呼时对你的赞美之词。

哈佛大学赫赫有名的心理学教授威廉·詹姆斯曾写过六句话：

1.不管是什么学科，你对它的热爱将带你走向成功。

2.如果你对结果十分在意，那么你必定能达到这个结果。

3.如果你希望做好，你一定会做好。

4.如果你希望有钱，你便会有钱。

5.如果你期望博学，你就会博学。

6.只是，你必须真的渴望这些东西，一心一意地渴望，而不是同时还去想其他不相干的事情。

这六句话可能会对你的一生产生深远的影响，这是开启阿里巴巴勇气宝库的秘诀。

学习当众有效讲话，不仅能够培养发表正式当众演讲的能力，还有其他益处。其实，如果你这一生中从没发表过正式当众演讲，这种训练将会带来多种益处。其中一点就是：当众演讲培训是通往自信的金光大道。你一旦意识到自己能站起来对着听众娓娓而谈，那么很自然，你与个人交谈时会更加自信。

许多人报名参加了我的"有效演讲"课程，主要是因为过去一到社交场合，他们就害羞发窘。一旦发现自己能够在同学面前讲话了，而房顶并没有塌下来，他们便觉得以前自己那么扭扭捏捏，真是荒唐可笑。他们经过培训后表现出来的沉着冷静的风度，令家人、朋友、生意伙伴、顾客和客户等刮目相看。

许多像古德里奇先生这样的学员，都是因为身边的人参加培训后性格发生了巨大变化，才禁不住前来的。

这种培训对学员的个性也有多方面改变，但并非立竿见影。大卫·奥尔曼博士是大西洋城的外科医生、美国医药学会的前任会长。前不久，我曾问他，从心理健康与生理健康的角度来看，当众演讲培训有何益处。他微笑着说："这个问题从一个处方中就可以找到答案，这个处方任何药店都配不了，只能个人自行配药。如果认为自己做不到，那就错了。"

这份处方就摆在我的桌上，每次读到，我都感触颇多。以下便是奥尔曼博士疾笔书就的处方：

要使他人能够看懂你的所思和所想。不论是面对一个人，面对一群人，还是面对大众，都要学会向他人清晰地表达自己的思想与看法。通过努力取得进步后，你就会慢慢发现：你自己——真正的自己正在他人心中形成一种前所未有的印象，对他人产生一种前所未有的影响。

从该处方中，你将得到双重收获。你学着对他人讲话，自信心也随之增强，个性也会更好更温和，这就意味着你的心情更好。心情好了，身体自然也会更健康。在现代社会，无论男女老少，每个人都需要当众讲话。我本人并不知晓当众讲话对商业或企业界人士有何益处，我只听说益处颇大。但我却知道他对健康的益处。对几个人或更多人讲话，你会越做越好，这一点我已经从自己身上发现了。你会觉得轻松愉快，人也更加全面和完美，这是一种你从未有过的感受。

这种感觉妙不可言，任何药物都无法给你这种感觉。

第三、下定成功的决心

有一次，某电台节目要我用三句话描述一下我得到的最重要的心得。

我是这样回答的："我得到的最大启示就是，我们的思想是极其重要的。如果我知道你的想法，我就会了解你这个人。如果我们改变思想，便能改变一生。"

你的既定目标是增加自信，与人们进行更有效的交流。从现在开始，你必须以积极的而不是消极的态度思考经过努力获得成功的机会，你必须对当众演讲的努力结果培养轻松乐观的心态，你必须将决心体现在为培养这种能力而付出的每句话和每次行动上。

下边这则故事强有力地证明：任何人想要迎接挑战，做到演讲时词能达意，坚定的决心是不可或缺的。

故事的主人公如今已经升上高层管理的位置，成为商界一大传奇，然而，他在大学时代第一次发表演讲时，却因说不出话而不了了之。老师布置的5分钟演讲，他讲不到一半，便脸色苍白，眼含泪水，匆匆走下讲台。但是，这个有着如此经历的年轻人并没有因此被挫败。他下定决心，一定要成为一名成功的演说家，并坚持不懈，最终成为了一位受人尊敬的政府经济

《发痴的观众》│古斯塔夫·多雷

顾问。

他的大名便是克莱伦斯·B.兰道尔。他写过不少很有思想性的著作，其中一本名叫《自由的信念》，关于当众演讲，他是这样写的：

"我曾经为生产商协会、商会、抚轮社、基金筹募会、校友会以及其他组织的午宴及晚宴做演讲，如果每次都在袖子上贴个军龄袖条，那么这些袖条就会贴满我的两个袖子。我曾在密歇根州的艾斯卡诺巴发表过爱国演说，之后参加了第一次世界大战。我也曾与米基·隆尼一起在乡间做慈善巡回演说，与哈佛大学校长詹姆斯·布莱恩特·科南特、芝加哥大学校长罗伯特·M.哈钦斯一起下乡为教育做演讲，还曾经用糟糕的法语发表过餐后演说。

"我了解听众们想要听什么，也知道他们希望演讲者如何去表达。对于一个敢担事业重任的人而言，只要他想学，没什么学不了的。"

我同意兰道尔先生的观点。想要成为出色的演说家，对成功的渴求是很重要的。如果我能看透你的心思，知道你的愿望多么强烈，了解你的思想变化，那么我基本可以确切地预测你能否迅速达到你提高沟通技巧的目的。

在中西部的一个培训班上，第一天晚上上课时，便有人站起来大胆地说，他并不满足于只做一名房屋建筑商，而是要成为美国房屋建筑商协会的发言人。他最想做的事情，就是到美国的各个地方，告知人们他在房屋建筑行业碰到的问题与取得的成就。

这个人就是乔·哈弗斯蒂克，他充分地准备自己的演讲，认真练习，尽管时逢房屋建筑商的忙碌时期，他也从不缺课。他一丝不苟，做到了一个学员应该做到的，因此进步神速，连他自己都没想到。两个月后，他跻身于这个班的佼佼者行列，并当选为班长。

大约一年后，当时管理该班的教师已身在弗吉尼亚州的诺福克，他这样评价乔·哈弗斯蒂克："我已经完全忘记在俄亥俄州的乔·哈弗斯蒂克了。一天早上用餐时，我打开《弗吉尼亚导报》，看到上边有乔的照片和一篇赞誉他的文章。前一天晚上，他在地区建筑商的大会上发表了演说。我知道，乔岂止是全国房屋建筑商协会的发言人，他已经成为名副其实的会长了！"

因此，要想在演讲之路上有成就，你在做出值得做出的努力时，还必须具备这些素质：积愿望以成热情，以毅力扫除障碍，坚信自己定能成功。

尤里乌斯·恺撒从高卢扬帆驶过海峡，率领军团于今日的英格兰登陆，当时他是如何保证他的军队胜利的？方法非常巧妙：恺撒命军队停驻在多佛港的白垩悬崖边，向下面200英尺处的海浪望去，鲜红的火舌正吞噬着军团横渡大洋的所有战船。深陷敌国，与欧洲大陆最后的维系也被切断，可以撤军的最后工具就这样葬身火海，他们只剩下唯一的出路，那就是：前进，征服！他们也正是这样做的。

这就是不朽的恺撒精神！当你开始征服对公众的恐惧时，何

《恺撒大帝》│西班牙│达利

不将恺撒精神转化为你的精神？将每一缕的消极思绪都甩进熊熊大火中，在逃回优柔寡断的过去的关口前关上所有铁门。

第四 、抓住每一个机会练习

第一次世界大战爆发前，我在第125大街基督教青年会所教授的课程现在已变得面目全非，每年都有新观念注入课程当中，而旧思想也就遭到淘汰。但是该课程有一点一直保留不变，那就是每个班级的每名学员必须起立，在其他学员面前发表一次演讲，不过大多数人会起来两次。

为什么要这样做呢？因为不在公众面前说话，就无法学到如何当众演讲。这就好比学游泳，如果不下水，就学不会游泳。你可以阅读所有当众演讲的书籍，也包括此书，不过你还是学不会演讲。此书给予你详尽完善的指引，但是你必须做到将所学付诸行动。

有人问乔治·萧伯纳是如何做到使演讲极富感染力的，他回答道：

"我用学滑冰的方法来学习演讲——我一次次失败，但不放弃，终于学会了。"

年轻时，萧伯纳曾是伦敦最胆怯的人之一。他经常在泰晤士河堤上来回踱步20分钟甚至更长时间，然后才鼓足勇气敲开他人的房门。他承认道："很少有人会比我遭受更多的胆怯之苦，或者会比我更因之而觉羞耻。"

　　最后，萧伯纳无意间找到一种最好、最快捷、最有把握的方法，用来克服羞怯、胆小和恐惧。他决心化己之弱项为最强项，于是参加了一个辩论社团。社团在伦敦的每次聚会，只要有公众讨论，他必定参加，且总是积极加入到辩论之中。萧伯纳全身心地投入社会主义事业之中，并为之奔走呼号，他因此也成为20世纪上半叶最为自信和优秀的演说家之一。

　　演讲的机会比比皆是。参加社团组织，志愿担任那些需要你讲话的职位，勇敢地在公众会议中站起来发表己见，哪怕只是附和某一提议；千万不要在部门会议中坐在后排。勇敢地讲话吧！不妨去主日学校授课，或是做一名童子军领袖，抑或加入任何一个社团。只要你有机会参加会议，积极表现，环顾四周，你会发现，几乎没有哪种公司的、团体的、政治的活动、业务活动或者社区活动是不需要你勇敢向前迈步大声讲话的。你只有开口讲话，一而再，再而三，才能知道自己所取得的进步。

　　有一次，一位年轻的商务主管对我说："这些道理我都明白，但是要面对学习的严酷考验，我就会犹豫不决。"

　　"严酷考验？"我听后赶紧回答他说，"千万不能这么想。你从来就没有想过用正确的，也就是征服性的精神来学习。"

　　"那是怎样的一种精神？"他问道。

　　"冒险精神。"我对他说，"当众演讲能为人开辟成功之路，能使人充满活力，能充分发展人的个性。"

　　"那我就试一试吧。"年轻人最后说道，"我要来冒一冒这个险。"

1932 年的萧伯纳

　　你阅读此书，并将其中原则付诸实际行动，此时，你也正踏上冒险之旅。你会发现，你引领自身的力量以及你的视线会支撑你穿越险途；你也会发现，你的外在与内在，会因这次冒险之旅而改变。

第二章　培养信心

"卡耐基先生：5年前，我来到您开办示范课的那家酒店。我走到会议室门口就停住了。我知道，如果我走进房间参加培训班，用不了多久我也得发表演说。想到这里，我的手在门把上僵住了，我不能进去。我转身，走出了酒店。

"如果早知道您能很容易地教会我战胜恐惧——那种面对公众便手足无措的恐惧，当时我就不会离开，白白浪费了这五年的宝贵时间。"

这个人的这些发自内心的话，并非是在桌前跟我闲谈，而是面对大约200名听众讲的。那是我在纽约市的一门课程即将结束的时候，他演讲时的沉着与自信尤其令我难忘。我想，这个人新近学到的表达技巧与新近树立的信心将会使他的管理能力大大提高。作为老师，我很高兴看到他给予恐惧以致命一击。我禁不住要那样想，假如5年前或者10年前他就战胜了恐惧，那么他现在必定会更加有所作为，也更加幸福快乐。

爱默生说过："与世上任何事物相比，恐惧更能击溃人类。"我对那句话所蕴含的苦涩真理深有体会，而我一生得以帮助人们摆脱恐惧，我又多么心怀感激。1912年我开始授课，那时

《美国超验主义哲学家爱默生像》

我并不知道，这种训练后来能成为帮助人们消除恐惧感与自卑感的最好方法之一。天赐之道，让人克服羞怯，树立勇气与自信。这是为什么？正是因为当众讲话能让我们克服恐惧。

多年来，通过训练人们当众讲话，我已经总结了一系列方法，可以帮助你快速克服上台演讲的惊恐，迅速树立信心，并且只需短短几周的训练。

第一、了解害怕当众演讲的实际情况

事实一：

并非只有你害怕当众演讲。

对大学生的一项调查表明：选修演讲课中有80%～90%的大学生在刚上课时都有讲台恐惧症。我相信，在刚开始上训练课的成人中，这一比例要高得多，几乎达到100%。

事实二：

有一点讲台恐惧症是有好处的。

讲台恐惧症其实是上天所赐，以帮助我们迎接巨大挑战。所以，当你脉搏加快，呼吸加速，切莫恐慌。你的身体一直对外界刺激保持着警觉，随时准备采取行动。倘若这些生理反应不过分出限度，那么与没有这些反应相比，你能做到思维更加敏捷，表达更加流畅，并且一般说来，讲话更加激情四射。

事实三：

很多职业演说家曾对我说过，即便是他们，也不会完全不怕上台演讲。

这种恐惧症几乎总是在演讲前出现，可能直到他们讲完开头的几句话才消失。这是演说者们宁为赛马、不为役马所须付出的代价。总说自己"镇定自若"的演说者，通常脸皮较厚，但给人的鼓舞也大。

事实四：

害怕当众演讲的主要原因，其实只是你尚未习惯当众说话。

"恐惧是因无知与疑惑而产生的。"罗宾逊教授在其著作《思想的酝酿》中如是说。对大多数人而言，当众演讲是个未知数，因此焦虑与恐惧也在所难免。对初学者来说，会出现一连串复杂陌生的情况，比学网球或者驾驶都更加烦琐。如何化这种可怕之境为简易之境呢？答案就是：练习，练习，再练习。如同成百上千的学员一样，你也会发现，积累了成功的演讲经验后，当众演讲带来的不再是痛苦，而是快乐。

自从读了杰出演说家、著名心理学家艾伯特·爱德华·魏甘如何克服恐惧的故事，它就一直激励着我。他说，高中时代只要想到站起来发表5分钟的演讲，他就会惊恐不安。

他写道：

"随着演讲日子的临近，我必定生病。无论何时，只要一想到这件可怕的事情，我全身的血便往脑袋上涌，脸颊发烧，极不舒服，我只能走到教学楼后，将脸颊贴在冰凉的砖墙上，以减缓血往上涌、脸颊发烫的难受劲。

"大学时情形依旧如此，有一次，我认真地背下一段演讲词的开头：'亚当斯与杰弗逊已离开人世。'可当我面对听众，便一阵眩晕，简直不知说到哪儿了。我费力地讲出开头的那句‘亚当斯与杰弗逊已离开人世’，然后再也讲不出来了，于是我向众人鞠了一躬，再在雷鸣般的掌声中一脸严肃地回到座位上。校长这时起身说道：‘唉，爱德华，我们对他们的离世表示悲痛，但是此时，我们会尽量打起精神。’随即全场一片喧笑，我当时真是恨不得以死解脱。之后，我生了好几天的病。

"从此，我最不愿去想的事便是成为一名公众演说家。"

毕业离校一年后，艾伯特·魏甘来到丹佛。1896年对"银币之自由铸造"问题的激烈争辩引发了政治运动。一天，他在一本小册子上读到"银币之自由铸造人士"的提议，对布莱恩及其支持者的错误与空洞的承诺愤怒不已，于是便当了手表凑足路费，返回家乡印第安纳州。一到那里，魏格便主动请求为健全货币一事发表演说，听众中有许多他昔日的校友。

他写道：

"开始时，我的脑海又浮现出大学时代提及亚当斯与杰弗逊那场演讲的那一幕。那让我喘不过气来，我结结巴巴的，似乎要前功尽弃。但是，正如昌西·戴普常说的那样，听众与我都熬过了开场的部分，而正因为这小小的成功，我深受鼓舞，继续演讲。我以为自己讲了15分钟，没想到，我竟然滔滔不绝地讲了一个半小时！

"结果，以后的几年里，我竟成为了一个职业公众演说家，这时，我比谁都感到意外。

"我对威廉·詹姆斯所说的成功是习惯的含义深有体会。"

是的，艾伯特·爱德华·魏甘终于明白，要克服当众演讲的巨大恐惧感，最稳妥的方法之一就是获取成功经验。

你应该料到，你要当众演讲，心里必定会产生一定的恐惧感，这是再自然不过的了。你应学会依靠这一点恐惧感来使自己的演讲更为出色。

假如讲台恐惧症过于严重，无法控制，以致你无法思考，说话不畅，不由自主地抽筋，肌肉痉挛过度，严重影响了讲话的效果，此时你也不必绝望。初学者出现类似症状并非罕事。只要付出努力，你就会发现，讲台恐惧症会降至某一程度——恰到好处的程度，它将不再是前行的障碍，而将助你一臂之力。

第二、准备方法要合适

多年前，在纽约的一次抚轮社午餐聚会上，主讲人是位知名的政府官员。我们翘首以待，希望能听到他讲讲他部门的工作。然而我们很快发现，他并没有为演讲做任何准备。

起初，他想做即兴演讲，但是未能如愿，他随即从口袋里掏出一沓便签，但很显然它们杂乱无序，就像火车上满载着碎铁片。他手忙脚乱地摆弄了一番，却越发显得困难、拙劣。时间一分一秒地过去，他也更加无助，更加不知所措。不过他还是不断挣扎着，不时向听众们致歉，并不断努力要在大体上弄清楚那些便条，还哆嗦着手举起水杯，送到焦干的唇边。由于事前完全没有准备，这个人已经惊恐万分了，真是糟糕至极。最后他坐下来，这是我见过的最羞愧的演讲者了。

这次演讲恰似卢梭所说的写情书的过程：开始时不知要说什么，结束时又不知说了什么。

自1912年以来，每年我必须评价5000多次演说，这已经成为我的职责。我的职责让我相信：自信只给有准备的人。我觉得这个道理比其他道理都重要，就如珠穆朗玛峰一样高耸入目。假使一个人奔赴战场时携带的是有毛病的武器，或者没有弹药，那么他又有何资本去期望捣毁敌方堡垒呢？林肯曾说过："我相信，假如我无话可说，那么即使我资历再老，也难保不陷入尴尬的境地。"

如果你想要树立自信，那么何不充分准备，来保证演讲时万无一失呢？使徒圣约翰曾写过："完美之爱会把惧怕驱走。"那么，充分的准备也是如此。丹尼尔·韦伯斯特说过，准备不充分便站在听众面前，就像衣服才穿了一半。

切不可逐字背诵演讲稿

我说的"充分准备"是指背诵演讲稿吗？对于这个问题，我要呐喊一声："不！"为了维护自尊，为了不在听众前陷入大脑一片空白的尴尬境地，许多演讲者不假思索就扎进死记硬背的陷阱。一旦染上这种不动脑筋之瘾，便会无可救药地被这种耗时费力的准备方法所束缚，使演讲效果大打折扣。

美国新闻评论员主任H.V.卡腾伯恩先生就读于哈佛大学时，曾参加了一场演讲比赛。当时，他选了一则短篇故事，题名为《先生们，国王》。他将故事一字不漏地背下来，并且预先练习

卢梭的《新爱洛伊丝》的插图

了上百遍。比赛那天，他说出演讲题目《先生们，国王》后，大脑便一片空白。不光是一片空白，随后还一片黑暗。他呆住了，无奈之下不得不用自己的话讲起了故事。没想到评委颁给他一等奖，他万分吃惊。从此以后，H.V.卡腾伯恩先生再也没有念过或者背过任何一篇演讲词。这就是他广播生涯的成功秘诀，他只是稍做笔记，便很自然地对着听众侃侃而谈，从不用草稿。

誊写讲稿并死背的人纯粹是浪费时间和精力，且容易导致失败。我们这一生都在自然而然地讲话，我们没有老是去想用词用语，而是关注自己在想什么。如果清楚自己想说什么，那些词句便自然脱口而出，恰似呼吸空气一样，总是不知不觉的。

温斯顿·丘吉尔对此深有体会，但这一体会来之不易。年轻时，丘吉尔总是写好讲稿后再背。一天，他正在英国议会前背诵讲稿，突然思路中断，头脑一片空白。丘吉尔当时尴尬至极，倍感羞愧。他把上一句重复了一遍，可是大脑还是空空如也，他脸涨得通红，只好坐了下来。从那以后，温斯顿·丘吉尔再也没有费劲去背过讲稿。

假如逐字背诵演讲稿，那么一旦面对听众，我们很可能会忘记那些背下的词句。即使不会忘记，演讲也会索然无味。为什么？因为这样的演讲并非发自我们的内心，而是源自记忆。我们私下与人交谈时，总想着的是我们要说的事，无需特意斟酌词句。我们一直都是这么做的，现在何必要去改变呢？如果我们还要写讲稿、背讲稿，那么发生在万斯·布什内尔身上的尴尬一幕将会在我们身上重演。万斯毕业于巴黎美术学校，后来成为世界上著名的保险公司

《丘吉尔像》

《丘吉尔与罗斯福总统》

之一——平衡人寿保险协会的副总裁。几年前，在西弗吉尼亚的白硫黄温泉所在地召开了一次2000名平衡人寿代理人参加的会议，他为会议致辞。那时，他涉足人寿保险业仅两年时间，但已成绩突出，所以会议给他安排了一个20分钟的演讲。

万斯对此十分欣喜，他觉得这次机会将会令自己声名大振。他写完讲稿，然后将其背熟，并在镜前反复试讲了40多次：每个词句、每个手势、每个表情都已准备妥当，自认为不会有什么问题。

然而，在他起来发表演说时，刚说了"我在此项计划中负责……"便紧张得说不下去了。他大脑一片空白，思绪混乱不堪，他后退两步，从头开始。但他脑子再次一片空白。他不得不再次后退两步，又想重新开始。他这样反复了三次。讲台有4英尺高，后面没有栏杆，讲台与墙壁之间相隔5英尺。因此，他第四次后退时，不小心朝后倒下台去，不见了。听众顿时哄然大笑，有人甚至笑得跌下座椅，滚到了走道上。这样滑稽的场面在平衡人寿保险协会的历史上可谓空前绝后。而更加令人瞠目结舌的是，听众们居然以为这是场安排好的表演。直到现在，平衡人寿的元老们依旧经常谈起万斯的那次演讲。

那演讲人万斯·布什内尔是如何看待此事的呢？他告诉我说，这是他一生中最尴尬的经历。他感到颜面尽失，还写好了辞呈。

幸好万斯·布什内尔的上司们劝他撕毁了辞呈，并帮他重新找回自信。几年后，万斯·布什内尔成为公司里最出色的演说高手之一，不过他再也没有背过讲稿。我们也应该以此为鉴。

我曾听说过无数人为演讲而死背讲稿，但不管是谁，如果将背好的讲稿扔到废纸篓里，他的演讲都会更加生动，更具效力，更加有个人趣味。演讲者这样做，也许会忘记几个要点，也许会讲得漫无边际，但至少有独特趣味。

亚伯拉罕·林肯曾说："当我听牧师布道时，我不喜欢听陈词滥调，我喜欢看他表现得就像在逗引蜜蜂一样潇洒。"林肯还说，"我喜欢听没有约束、充满激情的演讲，假如演讲时总在回想背好的词句，那就不可能像逗引蜜蜂那样潇洒。"

预先汇集并整理好思想

准备演讲有什么恰当的方法呢？答案很简单：寻找生活里那些教给你人生哲理的重要经历，汇集从中涌出的思绪、想法、信念。真正的准备意味着要对演讲话题冥思苦想。几年前，查尔斯·雷诺·布朗博士曾在耶鲁大学做过一系列令人难忘的演讲，他说："先认真思考话题，致其成熟、全面……再将所有思绪整理成文字……只需寥寥数语能表达意思即可……把他们写在便条上——你将材料整理得井然有序就会发现，安排这些松散的只言片语并不那么困难。"

这听起来并非难事吧？只需有目的、有重点地思考。

讲稿整理有序后，是否应该预讲呢？这是肯定的。这里有个简单有效又万无一失的办法：选定你要演讲的主题，然后拿来和朋友及合作伙伴在日常交谈中谈论，无需列举全部内容，你只要在餐桌前探过身去说诸如此类的话："乔，知道吗，有一天，我遇到一件非同寻常的事，想跟你分享一下。"乔可能很乐意做你的听众。讲述时观察一下他的反应，听听他的意见，也许他会

《林肯像》

因维护国家统一和解放黑奴的卓著功勋，林肯被视为美国最伟大的总统之一。林肯的《葛底茨堡演说》高度凝练精辟，是世界演讲史上令人难以超越的名篇。

给出有趣又有价值的建议。他不会知道你是在预讲，这确实没关系。但是他可能会说，这次谈话很愉快。

著名的历史学家艾伦·尼维尔斯给作家们提出过类似的忠告：

"找一个对你的话题感兴趣的朋友，向他毫无保留地讲述你的心得。这样一来，你会发现你可能漏掉了一些见解，忽略了一些论点，还会找到你讲述这故事最合适的方式。"

第三、下定成功的决心

记得吧，在第一章谈到关于端正当众演讲训练的正确态度时，这句话出现过。这个原则对你现在所面临的具体任务同样适用，即抓住一切机会，讲讲你的一次成功体验。有三种方法可供使用。

将自己融入话题

选定题目之后，按计划整理材料，然后在朋友面前预讲。不过准备工作还不算完。你必须宣传所选话题的重要性，必须抱着那种曾激励过历史上伟大人物的态度，即信仰你的事业。如何在演讲中燃烧起信念之火呢？答案就是：仔细研究主题，抓住其更深的含义，并问问自己，这次演说如何帮助听众在听完演讲后更加完善。

不要理睬令你不快的负面刺激

举个例子，老去想自己犯了语法错误或在演讲到一半时会突然说不下去，这无疑就是负面的假设，可能令你在演讲开始前就失去自信。开始演讲前，别过于关注自己，这点尤其重要。你要专心倾听他人演讲，把全部注意力都集中到他们身上，这样你演讲时就不至于害怕得无法控制了。

给自己打气

任何一个演说者除非对某种伟大事业很痴迷，并愿为此奉献终生，否则都会有怀疑自己主题的时候。他会问自己，这个主题是否适合自己来演讲，听众是否对它感兴趣。他很可能会在极度怀疑中干脆改了主题。每当此类情形出现，消极思想很有可能完全击垮自信，这时你应该给自己打气。你要毫不含糊、直截了当地告诉自己，这个主题非常适合自己，因为他就来自自己的亲身经历，来自自己对生活的思考。你要对自己说，你比任何一位听众都更有资格来发表这场演说，而且你的确会尽力让听众接受。这是过时的心理学家库埃的说教吗？也许是，但是现代实验心理学家认为，基于自我暗示的动机是快速学习的最大动力，即使这种动机只是模拟的。

第四、做出自信的样子

威廉·詹姆斯是美国最著名的心理学家，他曾经写道："行动似乎总是跟随感觉走，但其实行动与感觉是并肩而行的。意志对行动的控制更直接，通过调整行动，我们能间接地调控感觉，而感觉是不受意志控制的。因此，假如我们失去了自身原有的快乐，那么主动找寻快乐的极好渠道就是快乐地做起来，快乐地去做事、去讲话，就如同快乐没有失去。如果这样还不能让你快乐起来，那么再无其他良方。所以，为了能感觉到自己勇敢，首先得装出自己很勇敢。要用全部的意志去达到这个目标，很有可能就会突然生出一股勇气而不是恐惧。"

采纳詹姆斯教授的建议吧。为了有勇气面对听众，首先你得装作你有勇气。当然，除非你已做好准备，否则再怎么装也收效甚微。但是如果你知道自己演讲的内容，那么就轻松地站出来，做个深呼吸。其实，上台之前深呼吸30秒，肺部氧气供应量增加，这会给你鼓舞，给你勇气。杰出的男高音歌手让·德·雷斯基常说："你若做了深呼吸，便可'席气而坐'，紧张感也就消失了。"

身体站直，直视听众，然后胸有成竹地发表演说，就好像台下每个人都欠你钱一样理直气壮。想象他们欠你钱，想象他们一起来祈求你延长还款期限。这样的想象对你的心理作用是很有好处的。

如果你认为这一理论没有道理，你可以和培训班里任何一位学员稍作交谈，他们早在你之前就实践了本书介绍的理论方法，交流过后你就会改变主意。如果不能与他们谈话，那就干脆去相信一位美国人的话吧，他一向被视为勇气的象征。其实他曾是最胆怯的人，不过通过练习培养自信，他已跻身于勇者之列，这个人把托拉斯分成小公司，站在听众一边，奉行"大棒政策"，他便是曾任美国总统的西奥多·罗斯福。他曾在自传中写道：

"小时候我体弱多病、笨手笨脚。年轻时，一想到我的能力，我就觉得焦虑，我不相信自己的能力。于是，不管多苦多累，我开始训练自己，不仅在体格上，更在心理上、精神上。

"我曾在马里亚特的一本书里读到过一篇文章，至今记忆犹新。在那篇文章中，一位英国小型军舰的舰长，向主人公讲述如何才能具备无畏的素质。他说，起初临行动时，几乎每个人都会害怕，不过他们接下来要做的就是战胜自己，装得就像自己根本不害怕似的。这样坚持时间长了，装出来的勇敢就会成为真正的勇敢，培养勇气的训练确实能让一个人在不知不觉中真正勇敢起来。

"这就是我训练自己的理论依据。刚开始我害怕的东西真多，从大灰熊到烈马、枪手，都让我害怕，但我装着不怕，慢慢地也就不怕了。只要肯这样去做，大部分人都可以克服恐惧。"

克服当众演讲的恐惧心理，对我们做任何事都有着很大的潜移默化的效果。那些敢于迎接挑战的人会因此更加完善。他们发现，战胜当众讲话的恐惧能使自己脱胎换骨，从而使人生更加丰富、更加圆满。

有个推销员曾这样写道："在培训班上站起来讲了几次话后，我感觉自己已经可以应对任何人了。一天早上，我走到一个态度特别强硬的购买商面前，不等他回绝我，我就已经把样本摊在了他的办公桌上，结果，他给了我一生中最大的一笔订单。"

一位家庭主妇曾告诉我们的一位代表："以前我总不敢邀请邻居到家里做客，就怕不知道怎么将谈话进行下去，令彼此尴尬。上了几期培训课，讲了几次话之后，我决定豁出去了，在家里办了第一次聚会。结果我成功了！我和客人们一直谈着有趣的

西奥多·罗斯福总统

事，挑起话题搞活气氛对我已经不再是什么难事儿。"

有个培训班即将结业，班上有个做营业员的学员说："以前我很怕顾客，我给他们的感觉就是唯唯诺诺。在班上讲了几次话后，我发现我讲话时比较自信沉着了，并且开始理直气壮地回应各种异议了。在训练班练习演讲后的一个月，我的销售额上升了45%。"

他们发现，战胜恐惧感与焦虑感其实不难，以前可能会失败的事情，现在要做成功也不难。

你同样也会发现，当众说话能使你镇定自若地面对每一天会发生的事情，而这种镇定就来源于你的自信。你会有一种把握十足的全新的感觉，并能应对生活中各种问题与困扰。那一堆堆无法解决的困难，是可以变成增加生活乐趣的快乐挑战的。

第三章　有效演讲的便捷方法

白天我很少看电视，不过最近有个朋友建议我看一个下午的节目，这个节目主要面向家庭主妇，收视率很高，朋友向我推荐是因为他认为节目中观众参与部分会引起我的兴趣。果不其然，我看了几次，主持人成功地请现场观众参与到节目中来发表讲话，令我甚为着迷。观众的讲话方式也引起了我的注意。这些观众显然不是职业演说者，也从未接受过沟通技巧的训练，有人讲起话来甚至存在语法错误，发音还不准，然而他们都很有意思。每个人似乎都没有上镜的恐惧感，他们的讲话很吸引观众。

为什么他们能这样表现自如？这其中缘由我是了解的，因为节目中的方法我已用了许多年。这些人都很普通平常，却吸引了全美观众的目光。他们在节目中讲述着自己，讲述着那些曾经最尴尬的时刻、最美好的记忆，或者与伴侣相遇的情形。他们丝毫不在意自己的措辞或句子结构，然而却得到了观众的最终认可——观众们全神贯注地倾听他们的故事。学习当众演讲的便捷方法有三个主要原则，我认为这恰好有力印证了第一个原则。

第一、讲述自己经历过或学习过的事情

那一个个生动真实的故事令电视节目趣味盎然，他们都源于讲故事的人的亲身经历。他们讲述的故事自己再清楚不过。

数年前，戴尔·卡耐基培训班的教师在芝加哥的康拉德·希尔顿酒店开会。会上，一位学员这样开场："自由、平等、博爱，这是人类字典里最伟大的思想。没有自由，生活将失去意义。设想一下，假如人的活动自由处处受限，生活会是怎么样的呢？"

他讲到这儿，老师不动声色地打断了他，问他为何相信自己所说的，他是否有任何根据或亲身经历来支持自己的观点。这时，这位学员讲了一个引人入胜的故事。

他曾经是一名法国地下战士。他告诉我们他自己和家人在纳粹统治下所蒙受的百般屈辱，并生动地讲述了自己如何逃离秘密警察的抓捕，并最终逃到美国。演讲快结束时，他说："今天，我走过密歇根大街来到酒店，此时的我随心所欲，来去自由。我走过一个警察身边，他并没有理会我；我走进酒店，无须出示身份证件；会议结束后，我可以去芝加哥任何一个想要去的地方。请相信我，自由值得每个人为之奋斗！"

听到这儿，听众们起立，给他献上了热烈的掌声。

布痕瓦尔德纳粹集中营的活骷髅，1945 年被美军解放，他们是 80 万囚徒中的极少数幸存者。

纳粹集中营的幸存者

讲述生活对你的启示

那些讲述生活启示的演讲者永远都能吸引听众的注意力。但经验告诉我，演讲者并不轻易接受这个观点，他们不愿讲述个人经历，因为觉得这些事情太琐碎、太有限。因此他们宁愿扎进常规理念与哲学原理的领域，而不幸的是，高空中空气如此稀薄，我们这些凡夫俗子根本无法呼吸。我们想听新闻时，他们提供社论。如果发表社论的有这种资历，譬如说，一位报刊编辑或者发行人，我们当然不反对听听社论。但是，关键在于：要讲述生活对你的启示，我便会是你的忠实听众。

据说，爱默生总是喜欢倾听别人说话，无论对方地位多么卑下，因为他认为不管碰到谁，都可以从对方身上学到东西。我聆听过很多人演讲，可能比铁幕之西的任何人都多。老实说，演讲者讲述生活给予自己的启迪时，我从不会感觉索然无味，无论这些启示是多么微不足道和琐碎。

几年前，我们的一位教师为纽约市银行的高级管理人员教授当众演讲课程。很显然，这样一个群体事务缠身，时间必定有限，他们经常感到很难准备充分或者按照设想去准备。他们一生都有自己的思想，有自己的信念，有自己观察事物的独特角度，有自己独一无二的生活经历。40多年来，他们积存了大量演讲素材，然而有些人却意识不到这点。

某星期五，城镇一家银行有关系的某位先生——让我们姑且称他为杰克逊先生——发现已经四点半了，他要讲些什么呢？他走出办公室，在报摊上买了本《福布斯杂志》，在前往上课地点

二战时，西西里岛的难民

联邦储备银行的地铁上，他读到一篇文章，题为《要在十年内成功》。他读完这篇文章，不是因为对它特别感兴趣，而是他得在分配给自己的时间内讲点什么。

一小时后，他站起来演讲，想把这篇文章讲述得妙趣横生，令人信服。

然而，结果早都已注定。

杰克逊先生并没有消化、吸收自己所要讲的内容，用"想要去讲"来形容再恰当不过了。他确实想要去讲，他寻求表达自己思想的方式，但是没有什么真正的内容，他的仪态及语气将这点暴露无遗。既然如此，他又如何能期望听众会比自己更有感触呢？他不断提及那篇文章，说作者讲了这样那样的话，演讲中引用了很多《福布斯杂志》上的东西，遗憾的是，他自己的东西却很少。

他讲完后，老师说：

"杰克逊先生，我们对文章的作者丝毫不感兴趣。他并不在场，我们也看不到他。我们感兴趣的是你的想法。请告诉我们你自己是怎么想的。演讲中多谈一点自己。下周再讲这个题目好吗？回去请再阅读一遍这篇文章，问问自己是否同意作者的观点。如果同意，根据自己的体会说明你同意的理由。如果不同意，请告诉我们原因。就让这篇文章成为你学习演讲的起点。"

杰克逊先生重新阅读了那篇文章，认为自己并不认同作者的观点。他回顾自己的经历寻找出例证来反驳作者，并凭自己银行主管的经验详尽拓展了自己的想法。第二周，他回来做了一次演讲，这次他谈自己的人生经历，谈自己的信条，而不再用杂志文章的陈词滥调，他还给我们讲从自己的矿场里开采出的矿石，自己的铸币厂铸造的钱币。究竟哪次演讲更能打动人心，你来判断吧。

从自己的人生经历中寻找话题

我曾要求我们的一些老师在小纸条上写下他们认为初学者面临的最大问题是什么。经过统计，"引导初学者找到合适的话题"是每个课程初期经常碰到的问题。

什么才是合适的话题？假如某个题目是你在生活中经历过的、思考过的，那么它肯定是合适的。那又该如何寻找话题呢？请你打开记忆的宝库，寻找那些生活里给你留下深刻印象的重要事件。几年前，我们在班里做了一个调查，目的在于找出什么题目最吸引听众，结果发现最为听众关注的题目都涉及一个人的人生经历中的某些特定阶段。例如：

早年成长历程

这是与家庭、童年回忆、校园生活有关的题目，它们总能引起人们的注意，因为他人在各自成长环境中如何面对困难、克服困难，令我们大多数人很感兴趣。

无论何时，只要可能，都可把自己早年的生活作为例证用于演讲中。那些涉及人们年轻时应对各种挑战的戏剧、电影和故事大受欢迎，足以证明选择它们作为演讲主题的价值。但是你又如何确保每个人会对你年轻时的经历感兴趣呢？我来教你一个方法。如果多年之后，某件事情仍记忆犹新，那么这件事十有八九能吊起听众的胃口。

早期的奋斗历程

这是一个富有趣味的话题。讲一讲你第一次通过努力取得成功的经历，听众们一定对此兴致勃勃。例如你是如何得到某个工作的？你的职业生涯中有过哪些崎岖不平的道路？告诉我们你在这个竞争激烈的世界里成就自己时所碰到的困难、所怀有的希望和取得的成功。如果持有谦虚的态度，那么描述自己的现实生活就是最保险的演讲素材。

爱好与消遣

这类题目取材于个人喜好，因此同样能吸引人注意。讲述某件自己出于喜欢而去做的事情，是绝不会错的。你对某种喜好油然而生的激情会让你的话题易于被听众接受。

特殊的知识领域

在一个领域奋斗多年，你已然成为该领域的专家。如果根据自己多年的经验与研究和众人探讨自己工作或专业方面的事情，必定能得到大家的尊重与关注。

非同寻常的经历

譬如说，你是否见过某位大人物？战时你是否曾身处枪林弹雨之中？你这一生是否经历过精神危机？这些都是非同寻常的经历，都是最好的演讲素材。

信仰与信念

或许你曾经花费过大量时间和精力来思考你对当今世界面临的重大事件所采取的立场。假如你为研究重大问题付出了大量时间，你就有权来谈论它们。不过谈论时，一定要提供具体的例证，听众们并不喜欢那种泛泛而谈的演讲。别以为随便阅读几篇报纸上的文章就已准备充分，可以谈论这类话题。如果你对一个问题了解得并不比听众深入多少，那就最好不谈为妙。反过来说，如果你对某个问题研究多年，那么这肯定就是适合你的话题，尽管采用。

正如前面所指出的，准备演讲不仅仅是写下几个老一套的用词，或者背诵一些词语，也不是从匆匆读过的书籍或者报刊文章中借用某些二手观点，而是要深入思想及内心深处，挖掘生活存储下来的基本信念。素材的确珍藏于你的思想及内心深处，对此永远不要怀疑。那里储备丰厚，等待着你去发现。不要以为这样的材料太个人化、太微不足道，听众会不爱听。我一直对这样的演讲饶有兴趣，且为之深深感动，我认为它们胜过很多职业演讲家所做的演讲。

唯有谈论自己有把握的事情，才能学会当众演讲。

便捷技巧的第二条原则，那就是：

第二、对所选话题一定要满怀激情

并非所有你我能够谈论的题目都会让我们有兴趣。比如说，我是个推崇自己动手的人，我的确有资格谈论如何洗盘子，不过我对谈论这个话题没有激情。事实上，我根本不愿意去想这件事。然而我却听过家庭主妇们——也就是家务主管们——对这种事情是津津乐道。或许，她们心里对洗盘子这件无休止的事情怀有一团怒火，或者摸索出了某些巧妙的方法来处理这烦人的家务事，因此谈及此事总是兴致勃勃，而且也是很有成效的。

这里有个办法，可以帮助你判断你认为有资格谈论的题目是否适合当众讨论，那就是：如果有人站起来反驳你的观点，你是否能自信、坚定地为自己的观点辩护？如果你能，那你就选对了题目。

1926年，我参加了在瑞士日内瓦举办的第七届国际联盟大会，会后我做了笔记。最近，我偶然间看到了这些笔记，有一段话是这样写的：

"在三四个演说者读完讲稿，结束乏味的演说之后，来自加拿大的乔治·福斯特爵士登台演讲。令我深感快慰的是，他没有带任何稿件或者便条。演讲中他经常会做些手势，全身心地投入到自己的演讲中。有些事情，他非常想让听众了解，他迫切地想让听众知道他那些珍藏于心的信念，这一点如同窗外的日内瓦湖一样清澈明了。我在教学中一直提倡的那些原则，在他的这场演说中得到了完美的诠释。"

我常回忆起乔治爵士的演讲，他的确真心实意。只有选择的题目有内心感受，由思考得出，真诚才能表现出来。富尔顿·J.西恩主教是美国最富感染力的演说家之一，他早年曾得到过这样的经验教训。他在他的著作《此生不虚》中写道：

"大学时代，我被选入辩论队。在圣母玛利亚辩论赛的前夜，指导我们辩论的老师把我叫进办公室，狠狠地批了我一顿。

"'你真是糟糕至极。我们学院从来没有比你更差劲的演说者。'

"我极力为自己辩护，我说：'既然我这么差劲，你为什么还要选我进辩论队？'

"他回答说：'因为你还能思考，而不是因为你能讲话。到那边那个角落，选出一段演说辞反复读几遍。'我把这段话翻来覆去读了一个小时，之后他问我：'你发现什么问题没有？''没有。'一个半小时，两个小时，两个半小时，此时我已经筋疲力尽。他又问：'你还没有看出问题在哪里吗？'

"由于脑筋天生转得快，两个半小时后，我终于明白了。我说：'我的问题在于没有说出真实感受，没有全身心投入，讲的话不是发自内心。'"

就这样，西恩主教学到了一个铭记一生的经验教训：要全身心投入到演讲中去。他开始对自己的话题有了激情。这时，睿智的老师才松口说："现在，你可以去演讲了！"

班上有学员说："我对任何事情都缺乏激情，我过的生活单调乏味。"

此时，我们受过培训的教师就问他，闲暇时会做什么。

有人回答说是看电影，有人说打保龄球，还有人说栽种玫瑰。

有位学员告诉老师说，他喜欢收集有关火柴的书籍。老师继续问些这个不常见的嗜好的问题，他渐渐精神起来了。他比划着手势，兴高采烈地描述起自己的书柜，上面陈列着从世界各国搜集来的火柴书籍。看见他对这个喜欢的话题的兴致如此之高，老师适时打断了他，说道："为什么不讲讲这个题目呢？我都听得入迷了。"

他说他从没有想过会有人对这个话题感兴趣。这个人多年来一直追求着自己的嗜好，几近于狂热，然而却没有意识到它的价值，认为这不值一提。

老师肯定地告诉他，判断一个题目是否有趣味价值，唯一的途径就是问问自己对它到底有多大兴趣。

当晚，他以一个真正的收藏者的热忱谈了他的这个爱好，后来我听说，他不断出入各种午宴俱乐部的聚会，讲述收集火柴书籍的趣事，因此受到当地不少人的一致认可。

上面这个案例恰好引出当众演讲便捷技巧的第三条指导原则：

第三、要有与听众分享演讲的激情

演讲包括三要素：演讲者、演讲词或内容，以及听众。本章的前两条原则阐述的是演讲者与演讲词之间的相互关系。目前还没有提及演讲的情形。只有演讲者面对现场听众讲话，演讲才会真正形成。演讲内容也许经过了充分的准备，演讲的话题也许是演讲者深感兴趣的，然而要想彻底获得成功，另一要素在发表演讲时不容忽视，那就是演讲者必须令听众觉得自己的演讲内容对每个人都意义重大。演讲者不仅要对自己演讲的话题激情高昂，还必须积极地将这种激情传达给每一位听众。

列宁在演讲

载入史册的雄辩家，都有着推销员和传道士明显具有的口才。出色的演讲者会热切盼望听众感己所感，并同意其观点，去做他认为他们该做的事，同自己一起，重温他的体验，并乐在其中。演讲者要以听众为中心，而非以自我为中心。他知道演讲的成败不是他自己决定的，起决定作用的是听众的思想与心灵。

我曾培训过美国银行业协会纽约分会的人员，教他们学习在节俭运动推行期间发表演说。其中有个人特别不擅长与听众沟通，为了帮助他，我采取的第一步是要在他头脑与心灵里燃起他对题目的热忱之火。我让他自己到一边去反复思考题目，直到对题目满怀热情为止。我要他牢记，纽约的《遗嘱认证法庭记录》显示，超过85%的人去世时一无所有，只有3.3%的公民留下10000或10000多美元的财产。他要时刻牢记他不是来求助于民，或者请求他们做一些负担不起的事情。他要告诉自己："我要让这些人年老时衣食无缺、舒适无忧，留给妻儿完全的保障。"他必须记住，自己要去做的，是一件伟大的服务于社会的事业。

他反复思考了这些事情，将它们深深地烙在心里。他唤起自己的兴趣，激起内心的热情，开始体会到自己确实肩负重任。这时，他再出来发表演说，他那些承载着信念的话语引起了听众的回应。他向听众大力宣扬节俭的益处，因为他迫切希望能帮助人们。他不再是一个只是了解事实的演讲者，而是成了一名志士，在寻找转变信仰一项伟大事业的人们。

在我的教学生涯中，我曾一度极其依赖当众演讲教科书所讲

这是希特勒在柏林发表疯狂演说的场景，他的声音通过广播传遍了整个德国，他是第一个发现广播的重要性的政治人物。

发表疯狂演讲的希特勒

的原则。这样一来，我所反映的只是老师们灌输给我的一些坏习惯，因为他们并没有摆脱掉演讲中不自然的例行性手法。

我永远不会忘记自己所上的第一堂演讲课。老师叫我将手臂自然垂放在两侧，手掌朝后，手指半曲，大拇指触碰大腿。他们叫我抬起手臂，在空中划出优美的曲线，再优雅地转动手腕，然后先伸直食指，再就是中指，最后是小指。整套极富美感与观赏性的动作完成之后，抬起的手臂按先前的弧线落下，再次放到大腿两侧。但是整个表演僵硬呆笨，极为做作，既不切合实际，又非出自真心。

我的老师要教我的不是在演讲中要有自己的个性，也不是在演讲时像一个活生生的正常人一样，与听众生气勃勃地交谈。

请将这种枯燥乏味的演讲方法与本章中所谈论的三种基本原则相比较。这三个原则是我的有效演讲培训整套方法的根本。在本书中你会反复看到它们出现。接下来的三个章节中将会针对每个原则逐一进行阐述。

墨索里尼发表演说

第二部分
演讲、演讲者和听众

第四章　争取演讲权利

多年前，一位哲学博士与一个年轻时曾在英国海军服役、性情粗犷的人一同参加了纽约的一个培训班。那位哲学博士是大学教授，而那位前水手则在街边做着小生意。然而，后者的演讲在班上却大受欢迎，远远强于那位教授。这是为什么？教授用词优美，人又温文尔雅、彬彬有礼，他的演讲逻辑性强、条理清晰，但过分考究，缺少一个基本要素：具体性。因此意思含糊，过于笼统。他从未以任何个人体验对要点进行阐述，他的演讲通常只是以空泛的逻辑为线，将一些抽象概念串在一起。而那位前水手讲起话来生动新鲜，因此能开导听众，令他们轻松愉快。

我举这个例子，并非想说大学教授的讲座就一定不受欢迎，而做小生意的就一定行。我意在说明：演讲中运用丰富生动的具体事例方能引人入胜。

运用演讲素材来吸引听众注意力，共有四种方法。倘若你在准备演讲时遵循这四点，肯定会赢得听众的热切关注。

第一、限定题目范围

一旦你选好题目，第一步就要确定演讲所涉及的领域，然后不要超出这个范围。切勿在演讲中试图涉及各种领域，这是错误的。曾有位年轻人想用两分钟讲"公元前500年的雅典城至朝鲜战争"，这纯粹是徒劳！他还没讲完雅典城的建造，就该坐下了。渴望在一场演讲中谈及太多内容只会导致失败，当然这只是一个极端的例子。我听过千万次演讲皆因范围不够明确、要谈的内容太多而无法吸引听众。为什么会这样？因为人们不可能一直去关注一长串单调乏味的事情。倘若你的演讲听起来像世界年鉴，那么你便无法长时间吸引听众注意。挑选一个简单的题目，譬如"黄石公园游记"。大多数人会什么都不愿意遗漏，所以公园里每处景致都要谈及。听众就这样被你拖拽着快速地从这个景点转到另一个景点，最后，脑海里只模糊地留下瀑布、山川与喷泉的印象。假如演讲者只谈公园的一个方面，譬如说野生动物或者温泉，那么这将多么令人难忘。这样一来，他就有时间详述那些如画的风景——鲜艳的色彩加上纷繁的种类，必定令黄石公园听起来生机勃勃。

这个原则适用于任何主题，无论你要讲的是推销术、烤蛋糕、减免赋税还是弹道导弹。演讲之前首先选好题目，限定范围，把话题缩小至某一个领域，这样时间可以由你支配。

在一个不足5分钟的简短讲话中，你只能期望去讲一两个要点。即使是一个长一点的演讲，30分钟的，假如演讲者想要论述四五个论点，那他也很难成功。

第二、发挥准备充分的优势

演讲时仅仅从表面一带而过，比深入挖掘事实容易得多。然而你若选择前者，那留给听众的印象将寥寥无几。题目范围缩小之后，接下来要问自己一些问题，譬如：我为什么相信这点？现实生活中，是否见到过可以证明这个的例子？我究竟想要证明什么？它究竟是如何发生的？这些问题将会加深你对所选题目的理解，使准备更加充分，你的演讲也就更具权威性。

回答完这些问题，你也就获得了准备充分的优势，能使人们聚精会神地听你演讲。据说，植物学奇才路德·伯班克培育100万种植物，只是为了从中得到一两种优良的品种。演讲也应如此，围绕主题搜罗100种想法，精心筛选后丢弃其中的90种。

"我搜集的材料是真正采用的材料的10倍，甚至100倍。"约翰·巩特尔不久前说道。他是"内幕"系列畅销书的作者，以上说的是他为写书或者演讲做准备。

有一次，他所做的证实了他说的。1956年，当时他正在撰写关于精神病院的系列文章。他参观了各家病院，与院长、护士和患者交谈。我的一个朋友与他一起，为他的研究提供一点协助。朋友告诉我，他们日复一日地从这栋楼到那栋楼，上下楼梯，穿门过廊，走过的路程已记不清了。巩特尔先生的笔记本记得密密麻麻，办公室里堆积着政府和各州的工作报告、私人医院报告以及委员会的统计资料。

朋友告诉我说："最后，他只写了四篇短文，简单明了又不乏趣味性，是很好的演讲材料。文章打到纸上称起来也许只有几盎司，而那密密麻麻的笔记，以及为完成这几盎司的终稿所需要的材料却重达20磅。"

巩特尔先生知道自己开采的是含有金子的矿砂，他不能忽视任何一部分。他干这行多年，把整个身心都投进去了，最后筛选出的都是闪亮的金块。

我的一位外科医生朋友说过："10分钟内我可以教会你取出阑尾，但我要花4年时间教你如何处理突发的问题。"演讲亦如此：你要随时准备着应对紧急情况。比如说由于前一名演讲者的发言，你不得不转换重点，或者在演讲之后的听众提问环节，回答一个个有针对性的问题。

尽快选好题目，你也能获得准备充分的优势。不要拖到演讲前一两天才选题。早点确定题目，你会获得无可估量的优势，你的潜意识会为你发挥作用。一天工作之余，你可以对题目进行研究，将自己要表达的意思琢磨、提炼。开车回家途中、等候公交间隙，或者乘坐地铁时，人们通常会天马行空地幻想，此时不妨仔细思考一下你所演讲的内容。你会在这段孵化的时间顿然省悟，因为你已提前确定了题目，思想潜意识里会对其进行精雕细琢。

诺曼·托马斯是位卓越的演说家，即使面对极力反对自己政治观点的听众，同样能获得他们的敬重与关注。他曾说：

"假如某个演讲意义重大，那么演讲者应该吃饭睡觉都想着演讲主题或内容，并反复思考。他会惊讶地发现，自己在穿越街道途中、阅读报纸、准备就寝或者晨起睁开惺忪睡眼时，太多有用的例证或者进行演讲的方式会争相而来。通常，平庸的演讲只是平庸思想必然的正常反映，是对当前题目认识不完善的结果。"

当你沉迷于这个过程当中，你会忍不住要逐字写出演讲稿。不过尽量不要这样做，因为一旦你设定了一个框架，很可能会满足于此，停止对它进行积极的思考。此外，这其中同样暗藏背诵讲稿的危险。

关于背诵讲稿，马克·吐温曾说：

"写出的文章不能用于演讲，它们是书面语，生硬又不灵活，用嘴巴说出是无法收到愉悦而动人的效果的。演讲者若只是为了娱乐听众，而非意在教导，那么需要做充分准备，将演讲拆分，使其口语化，把它转换成没有预先策划的日常讲话形式。否则，演讲将烦死一屋的听众，而不是让他们得到娱乐。"

查尔斯·F.凯特灵是美国享有盛名的、激励人心的演说家之一，他的创新天才激励通用公司的成长过程。别人询问他是否曾写下整篇或部分讲稿时，他回答道："我相信，我所要讲的都非常重要，不能写在纸上，我更乐意竭尽全力写进听众的脑海里，写进他们的情感世界中。就算不用纸也不会妨碍我表达我想要大家牢牢记住的东西。"

《马克吐温像》

第三、用实例来丰富演讲

在《写作的艺术》一书中，鲁道夫·弗里奇在其中一章的开头这样写道："只有故事才真正可读。"他接着讲述了《时代》与《读者文摘》是如何运用这条法则的。在这些销量雄居榜首的杂志里，几乎篇篇文章都是纯粹的叙述文，或是大量点缀逸闻趣事。无可否认，为杂志写文章时，一个故事是很具吸引力的，当众演讲也一样。

数以万计的人曾在电台和电视上收听、收看过诺曼·文森特·皮尔的布道。他曾说，演讲时他最喜欢用实例来作为支撑材料。一次，他告诉《演说季刊》的记者："真实的例子能使观点清楚、有趣且极有说服力，这是我知道的最佳办法。通常，我会采用多个实例来说明每个重要的论点。"

读过我的书的读者很快便发现，我常用趣事来论述主要的观点。《如何赢得友谊影响他人》一书中罗列的规则不过一页半，而其余的230页全是故事与例子，用以说明他人如何有效地运用这些法则。

这种运用实例的技巧如此重要，我们如何能够获得呢？有五种方法：要以人为本，要有个性，要具体，要生动，要形象。下面我将一一陈述。

演讲要以人为本

有一次，我要求一群在巴黎的美国商人就"成功之道"发表演讲。他们中的大多数人都只抽象地罗列出成功所需的一大堆品质，还就勤奋工作、坚持不懈以及远大抱负的价值大力说教。

看到他们这样，我便停止讲上课的内容，并说道：

"我们都不想听人说教，没有人喜欢。请记住：你的演讲必须有趣，否则，我们对你讲的任何事都不予理会。同时还请记住，世界上最有趣的事情，莫过于经过升华和美化的闲聊。所以，请告诉我们你所认识的两个人的故事，并讲述一下为什么其中一位成功，而另一位失败了。我们很乐于听这样的故事，我们会牢记它，很可能还会从中获益。"

这个班上有名学员，常常觉得难以激发起自己或听众的兴趣。然而那天晚上，他采纳了"要以人为本"的建议，讲述了自己大学时期两名同学的故事。

一名同学言行保守，他在城里不同的商店买了衬衫，然后绘制图表，表明哪些衬衫最耐洗、最耐穿。他就读于一所工程大学，总是斤斤计较，然而毕业时，他自命不凡，不肯像其他毕业生那样从底层做起，再慢慢往上提升。班上同学第三次聚会时，他仍旧为他的衬衫绘制洗熨表，等着有个特别好的差事找上门来，然而没有。自那时起，25年过去了，这个人仍然对生活不满，担任的职位仍然不高。

接着，这名演讲者又讲述了另外一名成功超越梦想的同学的故事，以此来与上则失败的故事作比较。小伙子善于交际，人人都喜欢他。尽管，他有要干一番大事的抱负，不过也是从一名绘图员做起，但是他总在寻找机会。当时，纽约世界博览会正在筹划中，他知道那里需要工程人才，于是辞去费城的工作，前往纽约。在那里，他与人合伙，很快搞起了承包工程的业务。他们承揽了电话公司的大量业务，最终这名同学被该公司高薪聘用。

我写下的仅仅是这位演讲者的概述。那些生动有趣、以人为本的细节，令他的演讲妙趣横生，给人启迪。平常，这个人发表3分钟演讲都苦于找不到材料，这次却滔滔不绝。演讲结束时，让他吃惊的是这次足足讲了10分钟。演讲充满趣味，人人都听得意犹未尽，这是他第一次收获真正的胜利果实。

几乎人人都能从此事中受益。倘若平淡的演讲所讲的故事都以人为主，必定引人入胜。演讲者应该着重于少数几个要点，并用具体事例进行论述。这种演讲方法一定能吸引听众的注意力。

这样有个人趣味材料的来源，最丰富的莫过于自己的人生经历。请不要因为认为不应谈论自己的经历而犹豫不决，不敢把自己的生活经历说出来。只有一个人无礼狂妄地讲述自己的故事时，听众才会觉得反感。否则，他们对讲述者本人的经历大有兴趣。这是吸引注意力的最稳妥的方法，千万要重视。

使用姓名，演讲要有个性

故事中如涉及他人，请务必道出当事者的姓名。假如你想保护他们的身份，请使用化名。即使使用诸如"史密斯先生"、"乔·布朗"这样极普通的姓名，也比用"这个人"、"一个人"来得生动。姓名能确认身份、突出个性，正如鲁道夫·弗里奇所指出的："没有什么比名字更能为故事增添真实性，无名无姓，故事就会显得虚假。设想一下，假如一则故事的主人公无名无姓，还有什么真实可言？"

如果你的演讲中有很多姓名与个人的代称，那么这篇演讲肯定很值得一听，因为它具备个人趣味的可贵要素。

演讲要具体，要多用细节

关于这一点，你也许会说："这样当然好，可是我怎样才能确定演讲中的细节已经足够？"有个测试可以为你解答。使用记者写新闻故事时采用的"五何"公式，即：何时、何地、何人、何事、何因。一旦采用了这个公式，你的故事将会有声有色。

我用自己的一件趣事来说明这一点，这则故事也曾刊登在《读者文摘》上。

大学毕业后，我作为盎甲公司的销售员，在两年时间里跑遍南达科他州。我乘坐货运火车在这片土地上来回奔波。一天，我必须在莱德费尔耽搁两个小时才能搭上南行列车。因为莱德费尔不属我负责的地区，所以我不能利用这段时间进行推销。还有不到一年的时间，我就要到美国戏剧艺术学院求学，因此我决定利用这段空闲时间练习演讲。我走到火车站院内，开始排练《麦克白》剧本中的一幕。我猛力挥动双臂，大声喊道："在我面前摇晃着，它的柄对着我的手的不是一把刀子吗？来，让我抓住你。我抓不到你，可是仍旧看见你。"

我正沉浸在戏剧情节中，这时，四名警察向我扑来，质问我为何恐吓妇女。我大为吃惊，比指控我抢劫火车都吃惊。他们告

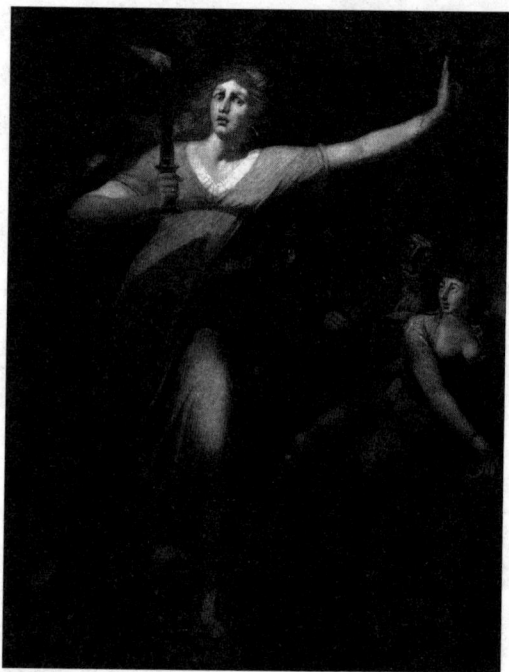

《麦克白夫人》| 约翰·海因里奇·富斯利根据莎士比亚《麦克白》作

诉我说，有个家庭主妇在100码以外她家的厨房窗帘后一直观察我，她从未见过这样的场景，所以打电话报警，而他们到达时，恰好听见我大喊着什么匕首。

我告诉警察，我是在练习莎士比亚戏剧，但直到我出示了盔甲公司的订单簿后，他们才放我走。

请注意，这则故事是如何采用"五何"公式的。

当然，过多的细节比没有细节更加糟糕。细节肤浅不切题，陈述冗长，人人厌烦。请注意我在南达科他州差点被抓捕的故事中，是如何简明扼要说明"五何"的。假如演讲中细节过多，以至演讲乱糟糟的，那么听众必将不会专心听你演讲，而是删改你的言语。删改一个人的言语最严重的情形，莫过于听众的不专注了。

使用对话，演讲会生动

假设你想举例说明自己是如何利用人际关系原则成功平息了一位顾客的怒火，你可以这样开头：

几天以前，有人走进我的办公室。他怒气冲冲，因为上周我们送到他家的电器有问题。我告诉他，我们将竭尽全力来弥补。过了一会儿，他静下心来，我们表示会全力把事情做好，对此他似乎很满意。

这则趣事有个优点，那就是非常具体。但却缺少姓名与具体细节，最重要的是缺乏让整件事情生动鲜活的真实对话。下面我们将其补充完整：

上周二，我办公室的门砰的一声开了，我抬起头，看到一张愤怒的脸，这是查尔斯·布莱克姆——我的一名老顾客。我还没来得及招呼他坐下，他便开口嚷道："艾德，我再也受不了了。你马上派辆货车，把那台洗衣机给我从地下室运走！"

我问他发生什么事情了。他气不打一处来，不愿回答。

"那破玩意儿根本没法儿用。"他大声嚷着，"衣服都缠到一起，我老婆快要被它烦死了。"

我请他坐下，好再说得详细一点。

"我可没工夫坐，我上班已经迟到了，我以后再也不会到你们这儿买东西了。我说到做到，再也不来了。"说到这儿，他重重地拍了一下我的桌子，我妻子的照片都给震倒了。

"听我说，查理。"我说道，"如果你坐下来，给我详细说清楚，我保证会按照你说的办。"他这才坐下来，我们才得以平心静气地把这事谈清楚。

并不是每次演讲都非得加进对话，不过从上述摘录中你可以看出，对话中的直接引语能令事情听起来很生动。倘若演讲者有模仿技能，表现出原话的声调语气，那么对话更能打动人。而且，对话能让你的演讲听起来像日常会话一样真实，这样，你说起话来就像一个活生生的人在餐桌对面侃侃而谈，而不是像一名老学究那样，在一群学者面前宣读论文；也不会像一名演说家，对着麦克风夸夸其谈。

让听众看得见演讲内容

心理学家告诉我们，超过85%的知识来自于视觉印象，这显然说明了作为娱乐广告与媒体的电视之所以收到巨大效应的原因。公众演讲也是如此，不仅是门听觉艺术，也是一门视觉艺术。

用细节丰富演讲的最佳方法之一，就是在演讲中加入视觉展示。也许你要花费几个小时告诉我如何挥动高尔夫球杆，而我可能会对此十分厌烦。但是你若站起身来，演示一下你如何把球击到球道，那么我会用眼睛看、用耳朵听。同样，假如你能用双臂和双肩辅以描述飞机演习时摇晃不稳的飞行，我会更加关注你与死神擦肩而过的结果。

我记得一个由实业界人士组成的班级里曾有一次演讲，可谓展现视觉细节的杰作。演讲者同观察家及效率专家开了个善意的玩笑。他模仿了这些先生们检查破损机器时那些搞笑的手势与滑稽的肢体动作，简直比在电视上看到过的任何事情都令人捧腹。更值得一提的是，滑稽的视觉细节令那场演讲难以忘怀——至少我永远记得，并且我相信，班上的其他成员至今会常常说起。

第四、运用具体熟悉的言语，可令脑海产生画面

获取听众注意力是每位演讲者的首要目的，在此过程中，有个方法技巧是重中之重。是的，它差不多被忽略了。一般的演讲者似乎意识不到它的存在，甚至可能想都没想到。我所说的，便是运用令脑海产生画面的语言。那些很容易便能使听众注意倾听

《赫伯特·斯宾塞像》

的演讲者，能够令你眼前浮现出一幅幅图画；而那些语言模糊、平庸又苍白的演讲者，却令听众昏昏欲睡。

图画，图画，图画。它们就如同每天呼吸的空气一样自由。用它们点缀你的演讲与会话，那么你的演讲会更有趣，更能影响他人。

赫伯特·斯宾塞很久前就在他一篇关于《风格的哲学》的著名文章中指出，言语具有在人们脑海里唤起鲜明图像的优势：

"我们的思考并不是笼统的，而是很具体的……我们最好不要写这样的句子：'如果一个民族的行为方式、风俗习惯及消遣娱乐是残酷野蛮的，那么相应地，他们的刑法条例也必定严厉。'

我们应该这样写：'如果人们喜欢战争、斗牛及角斗士的格斗，那么相应地，他们的刑罚也必定包含绞刑、烧烙及拷打。'"

莎士比亚的名著有大量能够创造出图像的优美言辞，就如同苹果汁酿造厂有成群的蜜蜂在环绕。比如，一个平凡的作家会说某件事情是"没必要的"，就像要去改善已经完美的事情一样多余。那么，相同的意思，莎士比亚是如何来表达的呢？他用生动的语言创出不朽的篇章："给纯金镀上金箔，替纯洁的百合涂上粉彩，给紫罗兰的花瓣洒上香水。"

你是否曾注意到，那些世代流传的名言佳句几乎都是很形象的文字。譬如说："二鸟在林，不如一鸟在手。""不雨则已，一雨倾盆。""牛不喝水莫按头。"你会发现，在那些流传了几百年的古老比喻中同样具有形象的特点，譬如"如狐狸般狡猾"、"僵死如门钉"、"平坦似薄煎饼"、"坚如磐石"。

林肯讲话时经常运用形象的语言。他对他白宫办公桌上那些冗长复杂、繁文缛节的报告感到厌烦，也不赞成写这样的报告。他不会使用苍白的词句，而是用令人难忘的生动的语言。他说："如果我派人去买马，我不想听到他告诉我这匹马的马尾有多少根毛，我只想知道它的头和肢干等情况。"

你要唤起的视觉感受须明确而具体，在脑中绘出图画，犹如落日映衬下的雄鹿角一般清晰鲜明。譬如，听到"狗"一字时，脑海中便会或多或少明确浮现出一幅这种动物的图像——可能是一只猎用小獚犬、一只苏格兰猎犬，或者圣伯纳德犬，又或者波美拉尼亚犬。而听到演讲者提"斗牛狗"一词时，脑海中蹦出的意象一定更加明确——它的范围就不像"狗"的范围那么广泛了。"斑纹斗牛狗"在脑海中激起的图像是不是更加明晰？说"一匹黑色的雪特兰小马"不是比"一匹马"更加形象吗？与单纯的一个词语"家禽"相比，"一只断了腿的白色矮脚公鸡"在脑海中激发的图像更加具体清晰。

在《风格的要素》中，小威廉·斯特朗科指出：

"假如那些研究写作艺术的人有一个共识的话，那么它就是：吸引读者注意力的最稳妥的方法就是写作时明确具体。世界上最伟大的作家，譬如荷马、但丁、莎士比亚，他们之所以影响深远，就是因为他们谈的是细节，相关的细节，他们的用词用语能在读者脑海里绘出一幅幅图画。"

写作如此，演讲亦然。

《莎士比亚像》 | 据说此像为约翰·泰勒所作

数年前，我曾在"有效说话"的演讲训练中，用一个学期的时间做一项用事实说话的实验。我们的原则就是：演讲者所说的每句话都必须有一个事实，或者有个专有名词、一个数字或者一个日期。我们取得了突破性的成果。班上的学员以抓住彼此说话笼统为游戏，没过多久，他们说的不再是让听众摸不着头脑的模糊语言，而是普通人所说的清晰、鲜活的语言。

法国哲学家艾兰曾说：

"抽象的风格并不可取。你的话语中应该常有石头、金属、椅子、桌子、动物、男人以及女人等这些具体的字眼。"

日常交谈亦是如此。

事实上，本章所讲述的公众演讲的细节运用这一原则同样适用于一般的交谈。细节使谈话焕发出光彩。无论是谁，只要想成为更出色、更健谈的人，遵循本章所介绍的建议便能获益颇多。销售人员将这些建议运用于推销时，同样也能发现细节的神奇魔力。那些身居主管要职的人们、家庭主妇以及教师等都将发现，运用的细节如果具体实际，能使下达指令与传达信息的效果大大改善。

第五章 使演讲具有活力

第一次世界大战刚结束不久，我在伦敦与罗威尔·托马斯共事，他当时正就艾伦比与阿拉伯的劳伦斯发表系列讲座，场场爆满。一个周日，我闲逛着来到海德公园，走到大理石拱门入口附近。那里，不同信条、不同肤色、不同政治与宗教信仰的演说者都可以充分发表自己的意见，不受法律干预。我驻足片刻，听一位天主教徒解释教皇无谬误论，接着来到另一簇人群旁边，专心听一位社会主义者如何谈论卡尔·马克思，然后我又走到第三个演说者那儿，他正在说明为何一个男人娶四个老婆是正确、合适的。然后我走开了，再回头看看这三群人。

你相信吗？那个鼓吹一夫多妻制的家伙拥有的听众最少，寥寥无几。而另两位演讲者的听众却在慢慢增加。我自问何以如此。是因为题目的差异性？恐怕不是。据我观察，原因出在演讲者自己身上。那个大谈一夫四妻的好处的家伙看起来自己并无兴趣娶四房妻妾，而另两位演讲者却从截然对立的角度阐述观点，他们的手势充满激情，声音高昂，信念坚定，浑身散发着热忱，充满着活力。

生命力、活力、激情——我一向认为这是演讲者首先要具备的素质。人们簇拥在热情勃发的演讲者周围，恰似野生火鸡围着

这是一幅反映卡尔·马克思编辑的《莱茵报》被查封的讽刺漫画，作于1843年。

《被捆绑的普罗米修斯》

一片秋日麦田一样。

如何才能令演讲具有活力，吸引听众注意力呢？在本章我将介绍三个绝妙的方法，帮你在演讲中注入激情与活力。

第一、选择自己热衷的话题

第三章中，我们强调了对所选题目有深切感受的重要性。只有当所选题目牵动你的感情，你才能期望听众相信你所传达出的讯息。很显然，假如所选题目因为你长期体验而能让你激情饱满，譬如某种嗜好或某项消遣；或者你对它进行过深思或对它极为关切，譬如需要在你的社区建好一点的学校，那么演讲时激情澎湃就不难了。20多年前，纽约的某个培训班曾有一次饱含热忱的演讲，在我面前将演讲的感染力展示得淋漓尽致，无可比拟。我称那次演讲为"六月禾对胡桃木灰案例"，它以情真战胜常识，在我听到过的许多富有感染力的演讲中脱颖而出。

纽约一家著名的销售公司，有位一流的销售员竟荒谬地声称，自己能使早熟禾在无种无根的情况下生长。根据他讲的故事，他曾将胡桃木灰撒在新犁的地上，一转眼，早熟禾竟然长出来了！他坚信胡桃木灰——只需胡桃木灰——就能培育出六月禾。

在评论他的演讲时，我温和地指出，假如所述属实，那么他不寻常的发现可以让他一夜暴富，因为每蒲式耳六月禾种子价值好几美元。我还告诉他，这甚至能让他成为有史以来最杰出的科学家。没有任何人，无论在世还是离世的，能够创造出他声称自己已经创造出的奇迹，也没有人曾经从惰性物质里培育出生命。

　　我心平气和地告诉他这些，是因为我认为他犯下的错误非常明显且荒谬，因此无需重视对他的反驳。我说完后，班上其他学员都看出了他的谬论，而他自己却一点也没有感觉到。他对自己的观点坚信不疑，简直无可救药。他立即跳起来，告诉我他并没有错。他抗议说，他讲的不是理论，而是自己的亲身经历。他知道自己讲的是什么。他继续做这个演讲。他将第一次的演说进行了充实，增加了信息，罗列了更多的论据，声音里饱含真情与诚实。

　　我再次告知他，他所说的根本不可能是对的，甚至不可能接近事实，简直挨不上边。他又再次站起来，用5美元做赌注跟我打赌，要让美国农业部来解决这场争论。

　　想知道接下来发生了什么事情吗？班上有些学员竟然站到他那边，还有很多人开始持怀疑态度。若是让大家举手表决，我相信班上一半以上的商人都会站到他那边。于是我问这些人是什么原因让他们转变了态度。他们一个接一个地告诉我，是由于演讲者的热忱与信念，他说得如此坚决有力，让他们开始怀疑常识的观点。

　　既然班上的学员们表示相信他的言论，我不得不致信农业部。我告诉他们，问这么一个荒谬的问题使我很难堪。农业部给了回复，胡桃木灰当然不可能培育出六月禾或者其他生物，并且还附带说，他们还收到另一封纽约的来信，问的是同一个问题。原来，那位销售员对自己的观点信心十足，所以也坐下来写了一封信！

　　这件事情教给我一个道理，令我毕生难忘。如果演讲者对某件事情信起来狂热，说起来也狂热，那么他将获得听众的支持与拥护，即使他声称自己能从尘土和灰烬中培育出六月禾。倘若我们的信念在常识与真理这一边，那么将会更加令人信服。

几乎所有演讲者都想知道，究竟自己的选题是否能引起听众的兴趣。激起听众的兴趣只有一个办法，那就是：燃起对该题目的热情之火，这样吸引听众的兴趣就不在话下了。

不久前，我曾听过巴尔的摩的班上有个人警告他的听众说，如果继续以目前的方法在切萨皮克湾捕捞岩鱼，这个物种就会灭绝，并且用不了几年！演讲者对自己的题目深有体会，这点很重要。他对自己所讲的这件事真的很热心，他的言行显示出了这点。他站起身开讲时，我并不知道切萨皮克湾还有一种叫做岩鱼的生物。我猜想更多的听众同我一样对此缺乏了解，当然也不会有多少兴趣。然而临近演讲结束，可能所有人都愿意在给立法机关的请愿书上签名请求立法保护岩鱼。

有一次，有人问美国驻意大利前任大使理查德·沃什伯恩·乔尔德，作为一名令人关注的作家，他有何成功秘诀。他回答道："我对生活充满热情，根本就无法不动起来。我就是要告诉大家这一点。"没有人不为这样的演说家或者作家所吸引。

一次，我在伦敦听人演讲。演讲结束后，我们这些听众中的著名英国小说家E.F.本森先生说，他喜欢演讲的最后部分胜于开头部分。我问他为什么，他回答说："这位演讲者自己似乎对最后一部分更感兴趣，而我总是依赖演讲者本人来为我提供激情与兴致。"

下面是另外一个例子，说明选好题目的重要性。

有位先生——我们暂且称他为弗林先生，报名参加了我们在华盛顿哥伦比亚特区开设的一个训练班。开课初期的一个晚上，他为我们描述美国首都。他所用的事实都是从当地一家报纸印发的小册子上仓促搜集来的，都是些表面的东西，很生硬，听起来干巴巴的，也不连贯。他已在华盛顿居住多年，却不讲哪怕一件自己亲身经历的事情来说明他喜欢华盛顿的缘由。他仅仅背诵了一堆枯燥乏味的事实，因此他的演讲令班上的学员们如坐针毡，他本人也很难受。

两周后，弗林先生遇上了一件倒霉透顶的事：他把自己的新车停放在街上，不知是谁驾车将他的新车撞得一塌糊涂，然后驾车人没有自报身份便驾车跑了，弗林先生无法去收保险费，只能自己支付这个费用。上次他谈论华盛顿时，句句出口费劲，他和听众都痛苦不堪。然而这次，他谈起自己被撞破的轿车时却话如涌泉，一发不可收拾，好似喷发的维苏威火山。还是那个班的学员，两周前还在座位上坐立不安，两周后，却对弗林先生的演讲报以热烈又令人愉快的掌声。

我曾一再指出，选择合适的题目肯定能成功。有一类题目，可以保证你一定成功，那就是：谈论自己的信念。对于生活的某个方面，你肯定持有坚定的信念，因此不必到处寻找这样的题目，它们就在你的意识流之上浮现，因为你经常想着它们。

不久前，电视上曾播出过有关死刑的立法听证会。许多证人应招参加听证会，就这个争议颇大的话题从正反两方面发表自己的看法。其中一位是洛杉矶警署的警员，他显然对该题目有过不少思考。他的11位警察同事在与犯罪分子的枪战中不幸身亡，他深信他的事业是正义的，所以讲得情真意切。在演讲的历史中，最具感染力的皆出于演讲者内心深处的坚定信念与深情。真情要靠信仰，而信仰既关乎感情，即对你正在说的事怀有热情；也关乎理智，即对你要说的事冷静思考。"有理性忽略之理性。"帕斯卡尔这句简明有力的话，经常在我的培训班里得到验证。

我记得波士顿的一名律师，他仪表堂堂，表达流畅，令人钦佩。然而每次他讲完，大家都说："好个精明的家伙。"他给人的印象是表面上的，他那表面浮华的文字背后，似乎从未带有任何感情。在同一个班里，有位保险推销员，身材矮小，相貌平平，不时要为一个词搜肠刮肚，然而他讲话时，所有的听众都觉得他说的每个字都是他的感受。

自亚伯拉罕·林肯在华盛顿哥伦比亚特区福特剧院的总统包厢遇刺，距今已近百年，然而他活得诚实，说话真挚，令人至今难忘。若论法律知识，很多与他同时代的人都在他之上。林肯不够有风度，不够平和，不够优雅，然而他在葛底茨堡、库珀联盟学院以及华盛顿国会大厦台阶上发表的演讲坦诚真心，在历史上无人可以超越。

有人曾说——或许你也会这么说，你没有什么坚定的信念或者浓厚的兴趣。对此我总是颇感吃惊。我让那个人着手寻找自己感兴趣的事情。他听后问我："找什么事情，可以举个例子吗？"我有点失望地回答："鸽子。"他有些不解地问我："鸽子？"我告诉他："是的，鸽子。你去广场上看看它们，喂喂它们，然后到图书馆阅读一下相关书籍，了解了解它们，再回来跟我们讲讲。"他照我的话去做了。等他回来时，他已经热情洋

林肯遇刺

溢。他带着养鸟人的狂热开始讲鸽子。我想要他停下来，而他正滔滔不绝地讲着关于鸽子的40本书，40本书他都全部读完了。他的演讲，是我听过的最有趣的演讲之一。

还有一个建议：多多了解你现在认为是很恰当的题目。你了解得越多，你就会越喜欢，也就越有激情。《销售的五大金科玉律》的作者珀西·H.怀廷告诉销售员们，对自己所要销售的产品的了解是没有止境的。正如怀廷先生所说："你对一件优良产品了解得越多，你对它就会越加喜欢。"

对待演讲题目亦是如此。你对这些题目了解得越多，你就会越喜欢，越有激情。

第二、重温你对所选题目的感觉

假设你要告诉听众一位警察的故事，他因你开车超速一英里而把你拦下。你当然可以像一名旁观者一样冷静淡然地讲述。可事情就发生在你身上，你理所当然有亲身感受，应当用十分具体的语言表述这种感觉。用第三人称来叙述故事并不能给听众留下什么印象，他们想知道的是警察开罚单时你作何感受。所以，你对你正在描述的情景重温得越多，或者对你那时的情感回忆得越多，你的讲述也就会越生动。

我们喜欢去看戏剧、看电影的原因之一，就是因为我们想听到、看到感情的表达。我们很害怕当众表露自己的情感，因此要去看话剧来满足我们这种表露情感的需要。

所以，当众演讲时，你要按投入的热情的多少来激发自己的热情与兴趣。请不要抑制自己的真实感受，也不要压制自己的热情。让听众看看你对选题的热忱吧，这样，你便能牢牢吸引住他们的注意力。

第三、表现得有热情

当众演讲时，应做出期待的样子，而不应像走上断头台一样。轻快有力地走上去可能是装出来的，然而它却可以为你创造奇迹，让听众觉得你有事情要谈。开始讲话前，做个深呼吸。别靠着讲台或桌椅等物，要昂首挺胸。你要告诉听众的事情是有意义的，你的一言一行都应清晰无误地让听众知道这一点。你高高在上，并且要像威廉·詹姆斯所言，表现得好像你高高在上。如你使劲将声音传至大厅后方，这声音将会给你勇气。一旦你开始做出手势，你的热情更会被激发出来。

唐纳德与埃莉诺·莱尔德将上述原则称为"反应的准备活动"，它同样适用于所有需要思想意识的情形。在《有效记忆的技巧》中，莱尔德夫妇介绍西奥多·罗斯福总统时说："生活得轻松带劲，有活力、有冲劲、有激情，这些已成为他独特的标志。他对他所处理的所有事情都兴致勃勃，或者表现出兴致勃勃。"特迪·罗斯福总统是威廉·詹姆斯哲学的一个活生生的例子，后者倡导的是：表现得有热情，这样，你自然而然会对自己所做的一切事情都有热情。

总之，请记住：表现得有热情会让你产生热情。

《美国心理学家威廉·詹姆斯像》

第六章　与听众分享演讲

　　罗素·康维尔的经典讲座《钻石就在你家后院》已前后讲过近6000场次。你也许会认为，这个演讲重复这么多遍，想必已经在演讲者脑中固定下来了，演讲时的字句与音调应该没有什么变化。其实不然。康维尔博士深知听众各异，他明白他必须让每位听众觉得他的演讲就是只为听众本人开设的，实实在在的。那么他是如何成功做到在一场接一场的演讲中使演讲者、演讲本身与听众之间的关系活跃的呢？

　　他写道：

　　"每到一个小镇或城市，我都尽量早点到，去会会邮政局长、理发师、酒店经理、学校校长和牧师，然后逛逛商店，同人们交谈，了解他们的历史以及发展机遇。然后我才进行演讲，讲的是适合当地人的话题。"

　　康维尔博士充分意识到，成功的沟通取决于演讲者如何能很好地使演讲成为听众的一部分。《钻石就在你家后院》是有史以来最受欢迎的演讲之一，而我们却从没有一份真正的副件，其原因也正在于此。尽管同一个题目已经对不同的听众讲过近6000

场次，然而康维尔博士凭着自己对人性的敏锐洞察力与辛苦的工作，每次讲座都是各不相同的。从中你可以学到：准备演讲时，脑中一定要想着某群特定的听众。下面我列举几条简单的原则，帮助你培养强烈的意识，去与听众保持融洽的关系。

第一、根据听众的兴趣演讲

康维尔博士正是这样做的。他认为演讲中应该多采用当地的典故和例子。他的听众对此兴趣十足，因为演讲牵涉到他们自己、他们的兴趣及问题。这种演讲与听众最感兴趣的事情之间，也就是演讲与听众之间的联系，能够保证吸引听众的注意力，确保沟通线路畅通。前任美国商会会长、现任美国电影协会会长埃里克·约翰斯顿几乎每次演讲时都采用这种办法。请看他在俄克拉荷马大学的毕业典礼致辞中，是何等机敏地从当地人感兴趣的事情中取材的：

俄克拉荷马人对让人生厌的传谣者应该很熟悉了。大家肯定都还记得，前不久，他们还把俄克拉荷马州当做永远没有希望的风险之地。

据说20世纪30年代，所有绝望的渡鸦都告诉乌鸦说一定要避开俄克拉荷马州绕道而飞，除非带足了口粮。

他们给了俄克拉荷马州这样一个未来：美国新沙漠区的一个部分。他们放言，这里永无繁盛之时了。然而40年代，俄克拉荷马州却成了花园胜地，百老汇对它推崇备至。因为再一次，这里

"雨过天晴后，当清风吹过，起伏的麦浪传递出阵阵芳香"。

短短的10年间，大片的玉米覆盖了这片昔日尘暴和干旱的地区，玉米秆高过人头。

这便是信念的结果，也是成败参半的风险……

然而在昨日的背景下，我们还是可能看到我们自己的时代有较好的远景。

所以，我来之前做了一些准备工作，我翻阅了《俄克拉荷马人日报》等资料，了解了1901年春季的有关情况，希望尝一尝55年前这片土地上生活的滋味。

想知道我发现了什么吗？

我发现当时的重点都寄托在俄克拉荷马州的未来之上，强调最多的就是希望。

以上便是演讲时根据听众兴趣取材的绝佳例子。埃里克·约翰斯顿使用成败参半的例子就取自听众的后院。他让听众感觉到，他的演讲不是以前演讲的复制品，而是专为他们做的，是新的。若演讲者根据听众的兴趣演讲，那么听众就不会分散自己的注意力。

不妨问问自己，你对主题的了解将如何帮助听众解决问题，达成心愿，然后通过演讲来让他们知道，听众们无疑就会聚精会神地听你的演讲。如果你是名会计，你可以这样开场："我现在要教你们通过税收得益省下50到100美元。"如果你是名律师，跟听众讲讲如何立遗嘱，那么他们肯定会全神贯注地倾听。你肯定能在自己擅长的专业知识中找到某个话题，它能切实帮助你的听众。

有人问诺思克利夫勋爵——英国报业界的威廉·兰道尔夫·赫斯特——什么话题能引起人们兴趣，他回答说："人们自己。"他就是凭借这一简单事实，建立了一个报业王国。

在《思想的酝酿》一书中，詹姆斯·哈维·罗宾逊把幻想说成是"一种自发的、最让人喜欢的思考"。他接着说，在幻想中，我们任由自己的想法自由地发展，这种发展由我们的希望、恐惧以及不由自主的愿望和愿望的能否实现而定，由我们的好恶、爱憎、愤恨而定。世界上再没有比我们自己更令自己感兴趣的了。

来自费城的哈罗德·德怀特曾在标志着最后一次上课的宴会上发表了一场精彩纷呈的演说。他逐一谈到了围坐桌边的每个人，他们在课程刚开始时是如何讲话的，然后又如何取得了进步。他回想起学员们做过的演讲以及他们谈论过的话题，他还模仿其中一些学员，夸大了他们的特点。每个人都被逗乐了，每个人都很开心。他用这样的材料，当然不可能不成功，而且这是绝对理想的选材。蓝色苍穹下，再也没有别的话题更能激起大家的兴致了。德怀特先生知道如何把握人性。

几年前，我为《美国杂志》写过一系列文章，有幸与约翰·西达尔开怀畅谈，那时他是"趣味人物"部门的负责人。

"人们都是自私的，"他说道，"他们最感兴趣的还是他们自己。他们并不太关心政府是否该把铁路收归为国有，但他们却想知道如何进步，如何获得更多薪水，如何保持健康。如果我是这个杂志的编辑，"他继续说，"我会告诉他们如何保护牙齿，如何洗澡，如何在夏天保持清凉，如何晋升，如何管理职工，如何买房，

《律师》｜法国｜维克多·雨果

如何增强记忆力，如何避免语法错误，等等。人们总是对人类的兴趣之类的故事感兴趣，所以我会请一些有钱人来谈谈他是如何在地产业挣得百万钱财，我会请那些著名的银行家与公司总裁来谈谈他们是如何奋力进取并从普通人晋升到钱权兼备的成功人士之列的。"

不久，西达尔先生成为该杂志的主编。那时杂志销量不大。西达尔先生怎么说就怎么做的，结果如何？成功势不可挡。杂志销量一路攀升，20万份、30万份、40万份，直至50万份。杂志的内容都是人们喜欢的，不久，销量便升至每月100万份、150万份，最后竟升至每月200万份。销售量到此并没有停止不前，而是一直上升了很多年。西达尔先生依靠的是读者对自身兴趣的关心。

下次面对听众时，设想他们很想听你讲话，只要你讲的与他们有关系。演讲者若没有考虑到听众基本是以自我为中心的，那么往往会发现听众们极不耐烦，坐立不安，时不时看手表，盼着快点走出去。

第二、给予诚挚的赞赏

听众们是由很多个人组成的，他们的反应也同个人一样。公然批评一群听众，当然会令他们不快。对于他们所做的值得赞扬的事情，请不要吝啬自己的赞赏，这样的话，你会赢得通往他们内心的护照。这需要你先做一番调查研究。一些过分恭维的话语，譬如"这是我见过的最有智慧的听众"，就像阿谀奉承一样，同样会为大多数人所憎恶。

借用杰出的演说家昌西·M.迪普的话来说，就是你必须"跟听众说他们自己的事情，而且是他们认为你不可能知道的事情"。比如，有人最近要在巴尔的摩基瓦尼俱乐部发表演说，只知道会员中有位曾是国际会长，还有一位是国际理事成员，除此之外，其他的事情一无所知，而他所知道的这点事对于俱乐部成员来说也不是什么新闻了。于是他试图来点新花样，他开口便说道："巴尔的摩基瓦尼俱乐部是101898个俱乐部之一！"会员们侧耳倾听，觉得演讲者肯定弄错了，因为全球一共只有2897家俱乐部。这时演讲者继续说道：

"是的，即使你不相信，可这仍旧是个事实，至少是个确定的数字，你们这个俱乐部是101898个俱乐部之一。我并不是说是10万个或者20万个俱乐部之一，我说的是一个精确数字101898个。"

"想知道我是如何计算出来的吗？基瓦尼国际俱乐部共有2897家，而巴尔的摩俱乐部曾出过一位俱乐部国际会长与国际理事成员。可以确定的是，任何基瓦尼俱乐部分部同时拥有一名国际会长与国际董事的几率是1/101898。这个结果是我请约翰·霍普金斯大学的一位数学博士计算的，应该正确无误。"

第三、寻找自己与听众的关系

你应尽快，最好开场白就讲清楚你与听众之间有某种直接的关系。如果有幸获邀演讲，你就这样做。哈罗德·麦克米伦在印第安纳州绿堡的迪堡尔大学给毕业班发表演说时，首句便建立了沟通的桥梁。

"本人首先对诸位的热情欢迎表示诚挚的感谢。"他说道,"作为英国首相,有幸应邀访问贵校,机会非同寻常。但是我认为,我目前的职位并不是贵校邀请我来演讲的唯一主要原因,可能也不是主要原因。"

然后他告诉大家,他母亲是美国人,出生在印第安纳州,父亲则是迪堡尔大学的首届毕业生。

麦克米伦首相继续说道:"请你们相信,能与迪堡尔大学有如此渊源,能够将一个家庭的老传统加以巩固,是我的骄傲和自豪。"

麦克米伦首相提到了美国的学校,提到了自己的母亲与先父所熟知的美国生活方式,无疑,这一切立即让他交到了朋友。

另一种开始沟通的办法就是叫出某些听众的名字。一次宴会上,我曾坐在主要发言人身边,他不停打听厅里整场宴会入座的人,我很是奇怪。他一直询问宴会主人,那张桌上身着蓝色外套的人是谁,那位帽子上点缀着鲜花的女士又为何人。他起身说话时,我顿时明白了他这样做的原因。他巧妙地在演讲中提及刚才所打听的人们,我能明显看到,那些被提名的人脸上洋溢着快乐,我能感觉得到听众们温馨的友情,而这友情正是这个简单的小技巧为他赢得的。

且看小弗兰克·佩斯就任通用动力公司总裁进行演讲时是如何有效地利用几个人的名字的。他在纽约的"美国人生宗教社"的年度晚宴上发表了这样一番讲话。

对我来说,这是个愉快而又有意义的夜晚,原因很多。首先,我的牧师罗伯特·阿普尔亚德大人也在听众席里。他的言语行为和领导能力一直都在激励着我、我的家人和全体会众……其次，路易斯·施特劳斯与鲍勃·史蒂文也在席间，他们对宗教的关注由于对公益事业的关注而增加了，有幸能与二位并肩而坐，也让我倍感欣喜。

需要注意的是：如果你想在演讲中提及某些陌生人的名字，尤其为不时之需刚打听出来的名字，就一定要保证没有弄错；还要保证自己非常清楚使用这些名字的缘由；保证你提这些人只作赞许之用，且使用人名要适度。

令听众全神贯注倾听演讲的另一种办法就是使用第二人称代词"你们"，而不要使用第三人称"他们"。这样，你就可以令听众处于一种自觉状态。这一点我在前面章节已经讲过，演讲者若想唤起听众的兴趣，抓住他们的注意力，这一点万万不可忽视。下面是纽约培训班的一名学员的演讲摘录，其演讲题目为《硫酸》。

硫酸与你的日常生活有很多联系。如果没有硫酸，你的汽车会走不动，因为提炼煤油与汽油都需要用到硫酸。如果没有硫酸，也就没有为你的办公室和你的家照明的电灯。

当你打开水龙头洗澡，你所拧动的是一种镀镍水龙头，在其生产过程中也要用到硫酸。你所用到的肥皂也可能是由油脂或油混合硫酸加工而成。没有硫酸，也就没有毛刷上的硬毛，也制造不出你的赛璐珞梳子。还有，你的刮胡刀在经过退火后，也一定在硫酸中浸洗过。

你下楼吃早餐。如果你所使用的杯盘不是纯白色的，那不用硫酸是做不出来的。如果你用的汤匙、刀叉是镀银的，他们也必定在硫酸中浸泡过。在你的日常生活中硫酸的影响无处不在，无论身处何地，它的影响一定伴随你左右。

演讲者巧用第二人称"你们"，令听众身临其境，使得听众的注意力处于活跃热烈的状态。然而，第二人称代词"你们"也不一定总是万无一失，有时也会在演讲者与听众间劈开一道鸿沟，而不是架起一座桥梁。倘若我们以居高临下的姿态讲话或者说教，这种情形便可能出现。此时则最好采用第一人称"我们"。

美国医学协会健康教育组组长 W.W. 鲍尔博士经常在电台和电视演讲中采用这一技巧。"我们都想知道如何选择一名好医生，对吧？"他在一次演讲中说道，"如果我们想从我们的医生那里得到最好的服务，难道我们不想知道如何做名好病人吗？"

第四、让听众参与到演讲中

你是否碰到过这种情形：用一点演出的技巧，你就能让听众全神贯注地倾听你的每句话。你若挑选某个听众帮助你证明某个论点或描述某个看法，那么，听众的注意力将大大提高。假如演讲者将某位听众带进这场"演说表演"中，听众们就会意识到自己是一名参与者，就会清楚知道所发生的事情。如果如众多演讲者所说，他们与台下的听众之间隔有一堵围墙，那推倒这堵墙的方法就是使听众成为参与者。

记得有位演讲者解释汽车刹车后滑行的距离有多远时，他请第一排的一位听众站起来，帮他展示汽车在不同速度下，这个距离会有何不同。这名听众拉着钢卷尺的一端在过道上走，当尺子拉到45英尺长时，演讲者示意他停住。

整个过程我都在密切观察，我只能说所有的听众都听得很专心。我想，卷尺不仅生动地诠释了演讲者的论点，而且成为演讲者与听众之间沟通的渠道。倘若没有采用这么一招，或许听众还在惦记着自己晚饭吃什么或者晚上会有什么电视节目。

我最喜欢让听众参与的方法之一，就是提问题给听众回答。我喜欢让听众起立，跟我重复某句话，或者举手回答我的问题。帕西·H.怀廷在《在演讲与写作中如何用上幽默》一书中，就听众参与的问题提出了几条有价值的建议，比如让听众对某件事情进行表决，或者请他们帮你解决某个问题。怀廷先生说道："端正你的思想，要知道演讲不像诵读，演讲意在得到听众的反应，使他们参与进来。我赞同要听众参与进来的想法。"这是本章的关键。如果你能让听众参与进你的演讲中，那么便有了与他们合作的权利。

第五、屈尊随众

当然，在演讲者与听众的关系中，真诚的地位无可替代。诺曼·文森特·皮尔曾给一位牧师朋友提出过几条有用的建议，因为这位牧师很难让听众专心听自己的布道。皮尔博士让牧师问问自己，每礼拜日早晨面对会众的感受如何——是否喜欢他们，是否愿意帮助他们，是否认为他们的智力不如自己？皮尔博士说，他登上讲道坛时，无不怀揣着对他所面对的会众的热爱。假如演讲者认为自己的智力水平或社会地位要高于他人，那么听众很快就能感觉出来。确实，演讲者获得听众的最佳方法之一就是愿意屈尊随众。

埃德蒙·S.姆斯基担任缅因州选出的美国参议员时，曾在波士顿为美国辩论协会发表演讲，当时他采用了这种做法。他说：

"今天早晨，我犹疑着该不该接受这次演讲重任。首先，我知道会有很多专业人士来听演讲，在诸位犀利的目光下暴露我拙劣的才能，这样是否明智？第二，这是个早餐会，是一个人一天中最心无戒备的时刻，对一名政客而言，倘若因此失败，后果会很严重。第三，我今天要讲的话题是：身为一名公仆，辩论对于我事业的影响。只要我继续在政界活动，那么关于该影响是好或是坏，我的选民之间可能出现严重的意见分歧。因为有这些顾虑，我感觉自己真的如同一只蚊子，无意间闯入裸体主义者的领地，简直不知所措，不知道该怎样开场。"

姆斯基参议员这样开头之后，结果演讲十分出色。

艾德来·E.史蒂文森在密歇根州立大学毕业典礼致辞时，一开头态度就十分谦逊。他说：

"身临这种场合，我总感觉自己才智欠缺，不由得想起塞缪尔·巴特勒的话。一次，人们请他谈谈应该如何充分利用时间，记得他是这样回答的：'我甚至都不知道如何充分利用接下来的

墨索里尼演说时的夸张表情

15分钟。'而我同样也不知道如何利用接下来的20分钟。"

最招听众讨厌的做法就是表现出你觉得自己高人一等。演讲时,你就如同站在橱窗里,你个性的每一面都在展示给众人看。稍有自夸的迹象,都可能招致严重的后果。另一方面,谦虚激起信心与友善。你可以做到谦虚但不是惭愧。只要你表明尽力而为的决心,听众们会因你承认自己的不足而喜欢你、尊重你。

美国电视界要求极为严格,每一季,一流的演员们都在激烈的竞争中纷纷倒下。而年复一年,演员埃德·苏利文却在竞争中幸存下来。他不是电视专业人员,而是一名新闻工作者。在这片竞争异常激烈的领域,他只是一名业余演员,之所以能够幸存不倒,正是因为他只把自己看做是一名业余演员。他在镜头前说话的某些姿势,如果不是由那么有自然魅力的人做出,反而会成为缺点。他手握下巴、耸肩、猛拉领带、说话结结巴巴。然而这些缺陷并没有导致苏利文的毁灭。人们批评他的这些缺点,他却没有因此而不悦。至少每季一次,他会邀请一位模仿天才夸张地模仿他,模仿得惟妙惟肖,将他所有的缺点夸大。如果这位模仿天才将本质真实地反映出来,埃德·苏利文也会像其他人一样发自内心地大笑。他欢迎批评,正因为如此,观众们才对他喜爱有加。他们都喜欢谦逊,讨厌卖弄与自负。

在《宗教领袖正传》一书中,亨利与达纳·李·托马斯这样评价孔子:"他从不以自己独到的知识去向他人炫耀,只是努力与他人相容协调,再去启迪人们。"如果我们能与他人相容协调,我们就拥有了开启听众心扉的钥匙。

林肯在葛底茨堡发表演说

第三部分
有备演讲与即兴演讲的目的

第七章　以简短的演讲促使他人行动

第一次世界大战期间，著名的英国大主教在厄普顿营地给军队士兵讲话。士兵们即将踏上前往战壕的征程，没有多少人知道为什么派他们到前方作战。我敢这样说是因为我问过他们。然而这位主教大人却向他们大谈"国际亲善关系"以及"塞尔维亚有权在世界上占得一席之地"。可笑啊！一半的士兵根本不知道塞尔维亚为何物，是一个小镇，还是一种疾病？他还不如谈谈星云假说这种高深的研究呢。然而，即便讲话这样没意思，也没有任何一个士兵离开大厅，因为每个出口都有宪兵把守，以防他们溜走。

我无意看轻这位主教。他确实是一位地地道道的学者，如果在一群教士面前，他也许是伟大的。可事实上，他面对的是即将浴血奋战的士兵，演讲只能彻底失败。为什么？很显然，他并不晓得自己的演讲要达到什么目的，也不知道如何达到自己的目的。

那么，什么是演讲的目的？归纳起来就是：任何演讲，不论演讲者是否知晓，都包含着以下四个主要目标中的一个。它们是：

1.劝说别人付诸行动。

2.说明情况。

3.加深印象，使人信服。

4.娱乐消遣。

我们就以林肯总统演讲生涯中的一些具体例子来加以说明吧。

很少有人知道林肯总统曾发明过一项装置并获得专利，这种装置可以把搁浅在沙滩或其他障碍物中的船只吊起。他在自己的律师办公室附近的一家技工店里做了这种器械模型。朋友们来他办公室参观模型时，他总是不厌其烦地一次次讲解他的模型。这种讲解的主要目的就是说明情况。

林肯总统在葛底茨堡发表他那篇不朽的演说，发表他首次与第二次就职演说，以及亨利·克雷去世时为其生平致悼词——做以上所有演讲时，林肯的主要目的就是要加深听众印象，令人信服。

林肯与陪审团讲话时，他是要赢得陪审团表示赞同的决定；在为自己的政党进行的演讲中，他是要赢得人民的选票。此时他的目的便是号召听众行动。

当选为总统的两年前，林肯曾准备了一场有关发明的演讲。此时他的目的就是娱乐大众，至少应该是这样的目的。然而，很显然他并没有达到目的。事实上，他想成为一名通俗演说家，却总是失望。曾有一次，他在一个小镇上演讲，居然一个人都不来。

但是林肯总统的其他演讲却获得巨大成功，其中有些演讲成为经典之作。原因何在？主要是因为在这些出色的演讲中，他清楚自己的目的，并知道如何去实现。

　　许多演讲者的目的与演讲的会议的目的并不一致，于是经常出错，不胜烦忧。

　　且看一则事例。

　　一位美国国会议员在纽约老马戏场发表演说时，听众喝倒彩表示不满，他无奈之下走下讲台，因为他发表了一场说明性演讲。当然他并非有意为之，然而确属不明智之举。听众并不想听教导，他们想要的只是愉悦。

　　开始10分钟，15分钟，人们出于礼貌还能耐心地听他演讲，暗地里都盼望他能尽快讲完。然而他没有，他仍旧在那儿长篇大论，喋喋不休。听众们的耐心已消耗殆尽，他们再也受不了了。有人开始喝倒彩，其他人也跟着起哄。刹那间，上千人开始吹口哨，大喊大叫。

　　这位演讲者却极其迟钝，丝毫没有觉察到听众的躁乱情绪，仍然闷着头讲下去。这下可把听众惹烦了，火药味渐渐浓起来了。起初的不耐烦上升为愤怒，他们决定让他闭嘴。

　　最后，抗议的呼声越来越大，人们怒气冲冲的叫声淹没了他的声音，20英尺外根本听不到他的讲话。于是他迫不得已停下来，承认失败，羞愧地离开了会场。

　　请以此为鉴。请务必使自己的演讲目的与听众及演讲场合相一致。如果这位议员能提前搞清楚，自己的说教目的是否合乎前来参加政治集会的听众的目的，那么他也不会身陷如此难堪之境。演讲前须仔细分析听众与听众聚集的演讲场合，然后再从以上四种目的中选择其一。

为了给予你演讲构建这一重要部分的指导，本章全部笔墨都着眼于利用简短演讲劝服他人采取行动。接下来的三章则依次讲述演讲的其他三个目的，即：说明情况、加深印象使人信服、娱乐大众。每个目的都有各自的障碍需要我们跨越。首先让我们讨论实质性的问题：组织演讲，使听众行动起来。

整理演讲材料时是否有什么良方可以让我们掌握最佳机会，让听众完全按照我们的要求去做？或者仅仅是一种时而奏效时而无效的策略而已？

记得在30年代，我曾与同事们探讨过这个问题。那时，培训班已在全国各地普及起来。由于学员们人数众多，我们只得将他们的演讲时限设为两分钟。如果演讲者的目的仅是娱乐听众或说明情况，这种时限对演讲并无影响。然而倘若想要促使听众采取行动，那就得另当别论了。我们往往采用旧式演讲体系，即引言、正文、结论这一自亚里士多德起世代延续至今的组织结构，但这样的演讲根本无法让听众行动起来。显然，我们亟需一种新颖而又与众不同的东西可以提供给我们一个切实有效的办法，以使意在激励听众采取行动的两分钟演讲达到预期的效果。

我们在芝加哥、洛杉矶、纽约召开会议，向我们所有的培训教师请教。他们中有很多人来自一流大学的演讲院系，其余的在企业管理中身居要职，有些人来自急剧扩展的广告宣传这一行业。我们将精力和智慧结合在一起，希望从中找到一种组织演讲

《亚里士多德像》

的新途径。这种新方法应更具成效，能够反映我们时代的需要，即激励听众采取行动的心理学与逻辑学兼具的方法。

会议颇有收获。通过讨论，用于构建演讲的"魔力公式"诞生了。我们开始将其运用于培训课，而且一直沿用至今。这个"魔力公式"到底为何物？简单来说，即：

首先，开始演讲时，告诉我们你所用实例的具体细节，以例子形象说明你希望他人理解的主要观点。

其次，以具体明了的话语提出论点，确切说清你想要听众做的事情。

最后，陈述缘由，即强调做这件事情的益处或收获。

此公式极其适用于我们如今快节奏的生活方式。演讲者不能再沉迷于冗长又散漫的介绍中。如今的听众都很忙，他们希望演讲者以直接明了的话语阐述观点。他们已适应了新闻界那种已经经过消化与简化的语体，能够直接获得讯息。他们长期接触的是麦迪逊大街上那些咄咄逼人的广告，他们借助广告牌、电视荧屏、杂志报纸等新闻媒介，以简明有力的语言传播讯息，字字经过推敲，没有一句废话。

运用"魔力公式"肯定能吸引听众的注意力，并将注意力集中到你的演讲要点上。它告诫我们不要过多使用那些索然无味的开场白，譬如："我没有时间将演讲准备得太充分。"或"你们主持人邀我谈这个话题，但我不知道为什么会选择我。"听众对道歉或借口没有兴趣，不论这样的话出自真心还是假意。他们需要的是行动。而用"魔力公式"，开场便能激励他们采取行动。

这个公式对于简短演讲而言很理想，因为它是以一定的悬念为基础的。演讲时，听众被你讲的故事所吸引，不过起初他没有意识到你的要点为何，直到这两三分钟的演讲即将结束他才恍然大悟。如果是向听众发出行动要求的演讲，这个公式对成功是不可或缺的。

倘若演讲者要倡议听众为某件事情慷慨解囊，他要是这样开场："女士们、先生们，今天我站在这里，是想从每个人那里收取5美元。"那么无论这件事情多么值得，也不会有什么进展，听众们很可能会夺门而出。

然而，如果演讲者告诉大家自己探访儿童医院，在那里看到因缺钱而特别悲惨的情形：在偏僻的医院，一名患病儿童因缺乏经济援助无法手术，需要人人奉献一份爱心。那么在这种情形下，演讲者获得听众支持的机会就大大增加了。

由此可见，为期望会产生的行动铺筑道路的正是故事，正是例子。

且看下面一则实例中，利兰·斯托是如何打动听众而获得他们对联合国儿童救援行动的支持的。

我祈祷再也不会那样了。面对一个快饿死的孩子只能拿出一粒花生米，世界上有比这更悲惨的事情吗？我希望诸位也不会那样，不会日后带着这种悲惨的回忆生活。在一月的雅典，在一个被炸弹炸得千疮百孔的工人区里，倘若你听到孩子们的声音，看到他们的双眸，你的悲情也会油然而生……然而我只有一罐半磅重的花生，我使劲打开，成群衣衫褴褛的孩子好像疯了一样把我死死围住，撕扯着我。几十位怀抱婴儿的母亲推着、打着，好不容易挤到我跟前，把婴儿朝我举过来，那些皮包骨头的小手使劲地伸着。我尽量让每粒花生都发挥作用，来救救这些饥饿的孩子们。

他们在狂乱中几乎将我撞倒。眼前只见数百双小手：乞求的手、紧握的手、绝望的手，全都瘦小得可怜。我把咸花生在这儿分一粒、在那儿分一粒。6粒花生从我手中掉下来，一群瘦弱的身体在我脚边闹哄哄地乱成一团。我来回分着花生，数百只小手伸向我，乞求着；数百双眼睛闪着希望的光。我无助地站在那里，手里拿着那只蓝色的空罐子……真的，我祈祷这种事情永远不要发生在你们身上。

"魔力公式"同样也适用于写商务信函，以及给同事和下属发指令。妈妈可以用它来激励孩子，而孩子也会发现，借用他请求父母给予特殊的照顾或特别的好处也很灵光。你也会发现，"魔力公式"是一种神奇的心理手段，能助你在日常生活中让他人了解自己的想法。

即使在广告界，"魔力公式"也每天在使用。埃弗雷迪电池公司最近在其主办的一系列电台和电视商业广告时就采用了这个公式。在使用实例时，节目主持人以某人被困的经历为例，讲述了那个人深夜被困在一辆翻倒的汽车里的过程。他先生动详细地讲述整件事情，然后请当事人告诉大家他如何靠装有埃弗雷迪电池的手电筒的光线才得以及时获救。随即节目主持人说出了自己本照片作者拍了这个照片后，没有及时救助那个垂死的孩子。在照片获大奖之后，作者受到了众多诘责，因无法摆脱内疚，他后来自杀了，通过以死谢罪重铸了自己的尊严。

《恶鹰注视下的饥饿的非洲女孩》｜欧文·卡特摄

的论点与缘由："购买埃弗雷迪电池，助你在类似的紧急情况下活命。"这些故事源于电池公司的档案资料，都是真人真事。

我不知道这一特别的系列广告帮助卖出了多少埃弗雷迪电池，但我可以肯定，"魔力公式"确实有效，可以告知听众你要他们去做或者不做哪些事情。下面让我们来依次讨论这些步骤。

第一、以你生活中的真事为例

这一部分将占用你大部分的演讲时间。在这一部分，你要描述你的经历及从中学到的教训。

心理学家说，我们的学习方式不外乎两种：一种是通过"训练法则"，即经历过一系列相似事件，我们的行为方式发生转变；另一种是通过"效应法则"，某件令人震惊的事情可能使得我们的行为发生转变。每个人都有过这种非同寻常的经历，我们无需费尽心思去寻找，因为它们就在我们的记忆表层，极易找到。我们的行为在很大程度上为这些经历所左右。让这些事件再现得生动些，就能影响他人的行为。我们之所以能做到这点，是因为人们对言语的反应与对实际情况的反应相差无几。因而，在演讲中以你的经历为例，这样可以使听众们和你感同身受。所以，你有责任清楚、生动地讲述你的经历，并加强叙述的力度以便能强烈吸引听众的兴趣。

下面列举几个建议，来帮助你在劝说别人行动的演讲中的"举例"步骤清晰、有力度、有意义。

以一次个人的经历为例

假如所举事例是基于某件对你的人生有着深刻影响的事件，那么这个事例便极具说服力。或许这件事发生前后不过数秒，然而就在这短暂的几秒钟内，你得到了终生难忘的经验教训。

不久前，班上有名学员讲述了自己从倾覆的小船中游到对岸的可怕经历。我相信每个人听后都会拿定主意，假如自己以后遭遇类似情形，就会听从演讲者的建议，留在倾覆的船边，等候救援。

我还记得另一个例子，一位演讲者讲述了一次痛苦的经历，是关于一个孩子与一台翻倒的电动割草机的。这件事情深刻地烙在我的脑海中，以至于每当有孩子在我的电动割草机旁逗留，我都格外小心。

我们很多教员听过班上学员的演讲后，也深受触动，都会立即采取预防措施，防止类似事故在自己家里发生。譬如，有人听过一场生动的演讲，讲述了因煮饭而造成的一场可怕的火灾事故，他便在厨房放置一个灭火器，随手可以够得着，以防意外发生。另外一个人把家中盛有毒药的瓶瓶罐罐都贴上标签，并放到孩子够不到的安全地方。她这样做是因为听了一场演讲，那次演讲讲述了一位母亲发现自己的孩子倒在浴室里，已失去知觉，但手里还抓着一个装有毒药的瓶子，此情此景令她几乎疯了！

一段给你教训、令你终生难忘的亲身经历，是劝说类演讲的首要条件。运用此类事件，你可以说服听众采取行动——假如这件事发生在你的身上，观众分析，它也可能发生在自己身上，所以他们最好接受你的建议，照你说的去做。

用你例子中的细节做开场白

用例子做开场白的原因之一是可以马上吸引听众的注意力。一些演讲者的开场白没有能引起听众的注意，多半是因为开场白中仅仅是些重重复复的话，或是陈词滥调，或是断断续续的道歉，并不能激发听众的兴致。如"我并不习惯当众演讲"这类话语尤其冒犯他人，但很多其他老套的开场方式也同样引不起听众的兴趣。喋喋不休地讲述自己如何选择题目，或告诉听众自己准备得不够充分（听众很快就能发现这是真的），或像牧师布道一般宣讲演讲题目或主题，这些开场方式在激发行动的简短演讲中都不宜采用。

且听一流报纸杂志的作者们的一句忠言：直接从例子开讲，能马上吸引听众的注意力。

以下开场白如磁铁般吸引着我的注意力：

"1942年的一天，我发现自己躺在医院的病床上。"

"昨天吃早餐时，我妻子正在倒咖啡，这时……"

"去年7月，我正驾车快速行驶在42号公路上……"

"我办公室的门突然被推开，领班查理·范闯了进来。"

"我正在湖中央钓鱼，一抬头，却见到一艘快艇飞速向我驶来。"

……

假如你的开场白能回答以下问题之一：何人？何时？何地？何事？如何？何故？你便采用了世界上最古老的沟通方式来引起别人的注意，即讲述故事。"很久很久以前"这句话如此富有魔力，它打开了孩童幻想的闸门。采取同样具有趣味的方式，演讲伊始你便能吸引听众的注意力。

所举例子中要有相关细节

细节本身并不有趣，杂乱放置着家具与古董的房间毫无吸引力。一幅有太多毫不相关的细节的图画也不会吸引参观者的视线逗留其上。同样的道理，交谈以及做公众演讲时，过多无关紧要的细节也会让听众觉得乏味难忍。要克服这种弊端的秘诀就在于：只挑选那些能够强调演讲要点与理由的细节。

假如你想要听众知道长途旅行前须仔细检查车辆，那么举例阶段的所有细节都必须与"你长途行驶前因没有事先检查汽车而出了什么事故"这一主题有关。如果你谈的是途中你多么享受美丽风景，或者到达目的地后在何处逗留，则只会导致演讲主题不突出，听众注意力涣散。

但是，将相关的细节用具体而又生动的语言表达出来，如实重现事件，这是让听众感觉真实如画的最佳渠道。倘若只说你曾因疏忽而发生车祸，那么这场演讲就是单调无趣的，很难让听众听从你的忠告，小心驾驶。假如把自己惊心动魄的经历用栩栩如生的语言加以描述，广泛运用能刺激多种感觉的辞藻，那么此事便能铭刻在听众的脑海中。

比如，以下是一名学员详尽阐述例子的方法，他生动地说明了在寒冬结冰的路上开车要格外小心。

1949年年底，圣诞节前的一天早晨，我沿印第安纳州41号公路驱车北上，车上还有我的妻子与两个孩子。车子在镜子般光滑的结冰路面上爬行了几个小时，即使是稍微碰一下方向盘，我的福特车尾就东滑西晃，令人紧张。基本没有司机敢越出线或超车，而时间也像汽车一样，慢腾腾地爬着。

后来，车子驶入一条开阔的马路，在阳光照射下，冰雪已融化，于是我踩动油门，想把浪费的时间补回来，其他的车子也纷纷加速。刹那间，似乎每个人都急于在第一时间赶到芝加哥，先前的紧张感没有了，孩子们在汽车后座上欢快地唱起歌来。

这时，道路突然转为上坡，进入一片林地。疾驰的车子驶达山顶时，我才看见北面山坡由于阳光照射不到，仍是结冰路面，如同一条光滑的冰河，我想减速，但已来不及了。我只来得及瞥见前面的两辆车猛冲过去，然后我的车也往前滑行，完全失去了控制。我们冲过紧急停车道，撞到一处雪堆上，车身没有倾翻。然而我们后面的车子也滑行而来，撞到我们车子的侧面，将车门撞毁，玻璃碎片洒了我们一身。

这个例子细节详尽，听众很容易置身其中。归根结底，你的目的是要让听众见你所见、闻你所闻、感你所感。而达到此效果的唯一途径就是运用丰富而又具体的细节描述。正如第二部分所讲，准备演讲的任务就是重新整理以下问题的答案：何人？何时？何地？如何？何故？你必须用形象的语言描述刺激听众的视觉想象。

叙述经历，再现经历

除了使用如画般真实可见的细节描述外，演讲者还应将其叙述的经历活灵活现地再现出来，这是演讲与其姐妹行当——表演相近的地方。所有的大演说家都会有一点表演的才能，然而，这并非是只有雄辩家才具有的稀罕品质，大多数孩子身上也颇多这种才能。我们认识的许多人天生就有掌握时机、面部表情丰富、善于模仿或表演哑剧等才能，这些起码是难得的表演才能的一部分。其实大多数人在这些方面都具备某种技能，只要稍加努力与练习，就能使之更加完善。

再现事件时，在其中加入的动作与情感愈多，给听众留下的印象也就愈深刻。无论演讲的细节如何丰富，倘若演讲者缺乏再创作的热情，演讲就会缺乏力度。你想描述一场大火吗？那就把消防队员救火时人们那紧张不安的情绪描述给我们听吧。你要描述你与邻居间的某次争吵吗？那就让听众感受到你生命里那些可怕时刻的绝望之情吧。

举例的目的之一，就在于使自己的演讲让人铭记不忘。只有把这些例子深深烙进听众的脑海中，他们才能记住你的演讲与要求。我们能记住乔治·华盛顿的诚实，是因为威姆的传记让樱桃树事件广为流传。《圣经·新约》是一座收集诸多道德行为原则的宝库，而这些道德原则都凭借富含趣味的例子得以充实，行善的人的故事便是一个例证。

这种事例，除了能让演讲更容易被记住，还能使之更加有趣，更有说服力，也更易于理解。生活教给你的经历已为听众所感知，从某种意义上说，按你预先设定的，他们要对你的要求做出反应。这样，就把我们带到了做出"魔力公式"的第二

美元上的华盛顿像

阶段的门前。

第二、说出你的观点和你希望听众做什么

在你劝说式演讲中，举例部分占了整个演讲3/4以上的时间。假设你的演讲时间为两分钟，你就应该花大约20秒来说清楚你希望听众采取什么行动，他们照你所说的做后会得到什么好处。这时不需要说得太多，只需要直截了当地说出你的主张。这与新闻报道所使用的技巧截然相反。你无需强调标志而只需把整个事件说出来，然后大力宣传你的论点和你对听众采取行动的请求。这一阶段由下面三个原则支配：

观点应简洁具体

简明扼要地告诉听众你到底想要他们做什么。人们只有对某件事很清楚了，才会去做。既然听众被你的例子说服，愿意行动起来，那么你一定要问问自己你想让他们做什么。像写电报一样把要点写下来不失为一个好办法，尽量减少字数，并且你的语言尽可能地清楚明了。不要说："请帮助我们当地孤儿院的病人吧！"那样说太笼统了，不妨这样说："下周日要带25个孩子去野餐，今天晚上请大家报名。"行动要求是很重要的，也就是说是可以看得见的行动，而不是抽象的行动，那太模糊。例如："请时常想想你们的祖父母。"这样的话太笼统了，会让人不知如何去做，应该这样说："这个周末一定要去看你的祖父母。"像"要爱国"这样的话应该改成"请下周二去投票"。

让你的观点容易被听众实践

无论你讨论的事情是否容易引起争议，演讲者都有责任在陈述自己的主张和行动要求时，让听众容易理解，容易付诸行动。最佳的办法之一就是说得具体一点。如果你想要你的听众提高他们记住人名的能力，不要说"从现在开始就要提高你们记忆人名的能力"。那样说太笼统了，听众很难去实践。不妨换个说法，"下次认识了陌生人，5分钟之内把他的名字重复5遍"。

那些把行动要点说得很详细的演讲者，要比那些总是笼笼统统的演讲者更容易成功地激励听众采取行动。对听众说"请您到房间后面签一张祝愿康复卡"远比让听众给住院的同班同学寄一张贺卡或写一封信要好。

至于是从正面还是从反面陈述观点，应该从听众的角度去考虑。并非所有从反面陈述的观点都不起作用。当需要告诉听众不做某事时，反面陈述的观点要比正面陈述的呼吁更具有说服力。多年前在促销灯泡的广告中使用的劝诫语"不要抢灯泡啊"就在当时收效显著。

坚定不移地宣扬你的主张

"主张"是指你演讲的主题，因此，你必须加大力度，坚定不移地给予宣扬。正如报纸的标题应该使用大写字体一样，你所宣扬的行动要求也应该用充满激情的语气，直接给予强调。你留给听众最后的印象应该使听众感受到你呼吁行动时的真诚。你提要求时一定不能有一丝一毫的犹豫或胆怯。这种劝说他人的行为举止应一直保持到演讲结束的那一刻，也就是到了"魔力公式"的第三步。

第三、给出听众可能会想到的理由和好处

在此需再次强调，语言必须简洁明了。在阐述理由阶段，你要说出他们按你所说的去做后可能会想到的原因或好处。

确保你所给的理由与例子有关

有关公众演讲的动机的文章已经写得很多了，对于任何想要说服他人做事的人来说，这是一个大题目，也是一个有用的题目。在本章，我们只关注简短的劝说性演讲，因此你能做的只是用一两句话来强调好处，然后坐下来，不过最重要的是，你所提到的好处必须在举例阶段有所体现。假如你谈到自己购买二手车省钱的经验并且想要你的听众也去买一辆二手车，你必须要在说明理由时强调，如果他们也买二手车，也许就会得到一些经济上的好处。你不该以一些二手车的设计比最新款的车要好作为理由，那样就与例子不统一了。

一定要强调一个理由——而且只有一个理由

大多数推销员都能给你一大堆理由，告诉你为什么应该买他们的产品，所以你也能够找出几个理由来支持自己的论点，并且所有的理由都应该与你所用的例子有关。但是选择一个最突出的理由或好处来作为你整个论点的论据，是最好不过了。

你向听众所说的最后几句话应该像国家级杂志上的广告一样清楚明了。如果研究一下那些耗费人们这么多才智的广告，你就会提高处理演讲中的论点和理由的技能。任何一个广告都不是一下子推销多个产品或理念。在发行量很大的杂志上，很少有广告用几个理由来说明为什么你该购买产品。同一家公司可能会在不同的媒体上，比如说电视或报纸上，做不同的促销宣传，但同一家公司无论是从听觉上还是视觉上都很少在一个广告中作不同的宣传。

假如你研究杂志、报纸和电视上的广告，并且分析他们的内容，你会惊奇地发现"魔力法则"在说服人们去购买某一产品时的使用频率之高，你会发现有一条相关联的纽带将整个广告或商业广告片一起组成统一的一整套节目。

还有其他举例的方法，例如，使用展品、做示范、引用权威人士的话语、做比较和引用数据。在劝说性的交谈中，到目前为止，"魔力法则"仍是最简单、最有趣、最生动和最具说服力的演讲方法。

第八章　告知式演讲

也许你经常会有与下面所说的演讲者相类似的经历。

曾有一位演讲者令美国参议员的调查委员非常恼火。这个演讲者是一名政府的高官，但是他一点儿也不知道如何演讲，只是不停地讲啊，讲啊，却不能把意思表达清楚。因为他讲话没有要点、意义含糊，委员们越听越糊涂。最后，其中的一位委员——来自北卡罗来纳州的老资格参议员小撒姆尔·詹姆斯·欧文，抓住机会说了几句话，这几句话是有效的。

他说这名官员的演讲使他想到了发生在他家乡的一对夫妇间的故事。

丈夫有一天通知律师，他想和妻子离婚，尽管他也承认妻子长得漂亮、烧得一手好菜并且是个良母。

"那么你为什么要和她离婚呢？"他的律师问道。

"因为她老是不停地讲话。"那个丈夫回答道。

"她都讲些什么呢？"

"这就是问题所在。"丈夫回答说，"她从来没讲出什么名堂！"

这也是许多演讲者都存在的问题，不论是男是女。听众都不知道这类的演讲者在讲什么，他们从未讲出什么道理，也从来没把话说明白过。

　　现在，我要告诉你，当你要对听众说明情况而非激励他们时，如何使你的意思清楚明白。

　　每天我们都要做很多告知式演讲，例如发号施令、教导别人、进行解释或报告。每周各地进行的各种演讲中，做告知式演讲的次数仅次于劝说式或号召人们行动的演讲。把事情表达清楚的能力，其实比说服别人采取行动的能力更为重要。

　　美国著名企业家欧文·D.杨强调，在当今世界，能把事情表达清楚是必需的。他说：

　　"当一个人让别人了解自己的能力提高时，其实他的机会在很大程度上也增多了。在我们的社会，即使是处理最简单的事情，也需要人们之间的合作，但首先需要彼此了解。语言是人们彼此了解的主要载体，所以我们必须学会使用它，不仅仅是简单地使用，还要有识别性地使用。"

《维特根斯坦像》

这里提供一些建议，以帮助你清楚地、有识别性地领会语言，以便你的听众比较容易明白你的意思。路德维希·维特根斯坦曾说："凡是能够想的事情，都能够想清楚；凡是能够说的事情，都能够说清楚。"

第一、限制主题以适应你的时间

威廉·詹姆斯教授在对教师们的讲话中，曾中断片刻，专门为了说明一个人在演讲中只能讲一个论点——他所指的演讲是长达一个小时的演讲。但是，最近我听到一位只有3分钟演讲时间的演讲者在演讲开始时便宣称要在3分钟内讲11个论点。也就是说，每十六秒半讲一个论点！这看起来难以置信，是不是？

一个聪明人不该打算做这样的糊涂事！不错，这是一个极端的例子，但是，这种犯错的倾向对每个新手都不利，尽管情况不至于那么严重。他就像一个导游想让游客在一天内把整个巴黎逛遍——那只能是走马观花。当然这也不是不可以，因为一个人可以在30分钟内逛完美国自然历史博物馆，但结果是游客既弄不清楚又得不到乐趣。许多演讲最终失败，是由于演讲者似乎想在指定的时间内创下谈论范围涉及最广的世界纪录。他从一个论点迅速地跳跃到另一个论点，就像高山上的羚羊那样动作迅速、身手敏捷。

假如你做一个关于"工会"的演讲，不要试图在3分钟或6分钟内告诉我们，它因何成立、如何雇佣人员、已取得的成就、造成的错误和如何解决企业争端。不，千万不要这么做！如果你非要那么做，就没有人会清楚你所讲的。你所讲的让人摸不着头脑，让人觉得模模糊糊，提纲太粗浅，内容也太多了。

专门讲工会的某个方面，只一个，详细地谈论阐述，这样是不是更明智？答案是肯定的。这种演讲只给听众留下一个印象，明了易懂，听众听起来容易，记起来也容易。

一天早上，我去拜访一位公司总裁，发现门上贴着一个陌生的名字。公司的人事主管——我的一个老朋友，告诉我其中缘由。

"他的名字使他受害不浅。"我的朋友说。

"他的名字？"我问，"他难道不是掌控这家公司的琼斯家族中的一员吗？"

"我指的是他的外号。"我朋友说，"叫'在哪儿先生'琼斯。他干的时间很短。琼斯家族让他的一个表亲接替了他的职务。他从未费心去了解公司的运营情况。他确实每天在公司里忙上整整一天，但是做了些什么呢？他一会儿窜到这儿，一会儿又窜到那儿，每个地方都去，一刻也不闲着，但只是到处乱转。他认为让送货员关掉电灯或让速记员拣起夹纸用的别针比研究大型销售活动更重要。他总不在他的办公室。这就是我们称他为'在哪儿先生'的原因。"

"在哪儿先生"琼斯令我想到了许多演讲者本可以把事情做得更好，他们没把事情做得更好是因为他们不想约束自己。他们就像琼斯先生一样，总想什么事都管。你从未听过他们的演讲吗？你是不是会在听演讲听到一半的时候心生疑问："他说到哪儿了？"

甚至一些有经验的演讲者也会犯这样的错误。也许是因为他们在其他方面能力出众，因而忽视了分散精力的危险。你别像他们一样，你应该紧扣主题。如果你的听众随时能够说出："我明白他所说的话，我知道他说到哪儿了。"那就证明你把事情说清楚了。

第二、把你的论点依次排列好

几乎所有的论题都可以按时间、空间或特殊话题的逻辑顺序详细阐述。例如，按时间顺序阐述，你可以先将时间分为过去、现在和将来三类来思考你的论题。或者你也可以先定下一个日期，再由此向前或向后来阐述。例如，所有介绍过程的演讲都应该从原材料谈起，然后经过各种制作过程直到成品生产出来。你要涉及多少细节问题，当然要由你所拥有的时间来决定。

按空间顺序阐述，你的演讲应该从某个中间点开始，然后向外发挥；或者按方位，即东、西、南、北来进行演讲。如果你要描述华盛顿这个城市，也许你要先把你的听众带到首都建筑的最高点，然后指明各个方向的景点。如果你要描述一个喷气发动机或一辆汽车，你最好将它拆分成零部件再进行讲解。

有些话题本身就有内置顺序。如果你准备解释美国政府的结构，你根据它内在的组织形式——立法、行政和司法三个部门来介绍就很合适。

第三、列举你的观点

要想让整个演讲在听众头脑中井井有条，最简单的方法之一是在演讲过程中明明白白地说你先提及一点，然后再提及另一点。

"我的第一个观点是……"你可以像这样明确地说出来。当你论述完这个观点时，就可以直言不讳地说出你要讲的第二个观点了。你可以如此这般直到演讲结束。

拉尔夫·J.本奇博士在担任联合国副秘书长时，有一次去参加一场由纽约罗彻斯特城市俱乐部发起的重要演讲，他就直截了当地说道：

"大家让我在今晚就'人类关系的挑战'这个话题进行演讲，有两个原因。"他随即说道，"一是……"然后再说，"二是……"在整个演讲中，他都十分注意让听众明白，他在逐一说明论点，直到引出结论："我们一定不能对人类向善的潜力失去信心。"

而经济学家——保罗·H.道格拉斯在给国会委员会的一次演讲中也采用了同样的方法，很有效果。当时商业发展滞后，国会正想方设法刺激商业的发展。他以税收专家和伊利诺斯州参议员的双重身份进行演讲。

他这样开始：

"我的主题是：减少中下收入阶层的税收是最迅速、最有效的途径，因为这些阶层往往要花掉他们全部的收入。"

"尤其是……"他继续道。

"此外……"他又继续说。

"还有……"

"有三个主要原因：第一……第二……第三……"

"总之，我们所要做的是立即对中下收入阶层减税，以此来增加需求和购买力。"

第四、将陌生的比喻为熟悉的

有时你会发现自己费尽九牛二虎之力也无法解释清楚自己的意思。你对某样东西虽然了然于心，但要你的听众也了解它却要花费一番口舌。这个时候，你该怎么做呢？

将此物比为听众熟悉的东西，用彼物来说明此物，用熟悉之物来说明陌生之物。

假设你谈化学对工业的贡献之一——催化剂。这种物质使其他物质发生变化，这样说十分简单。但是下面这种解释是不是更好？它就像一个小男孩，在学校操场上跑跑跳跳，殴打、欺负其他的孩子，自己却从未挨过其他人的拳头。

传教士在非洲向赤道附近的部落居民传教时，要将《圣经》翻译成当地语言，他们碰到了这样的问题：是否该将陌生的表达用熟悉的表达代替？也就是说，他们应该按字面意思翻译吗？他们知道，如果他们那样做的话，当地土著有时候是无法理解的。

例如，他们碰到这样一句话，"你们的罪虽像朱红，必变成雪白。"他们应该按字面意思翻译吗？那些在热带丛林里生活的土著不知道雪为何物，但是他们经常爬到椰子树上去摘椰子充饥。这些传教士便用已知的事物来解释未知的事物。他们把这句话改为"你们的罪虽像朱红，必变成椰肉那么白。"

在这样的情况下，很难找到比这更好的办法吧？

将事实转换为图像

月亮离我们有多远？除此之外最近的那颗星呢？科学家们会用数字来回答这些太空运行的问题。但是科普演讲者和作家都知道这样做不能让普通的听众清楚明白，于是他们把数字转换为图像。

著名的科学家詹姆斯·金斯爵士对人类渴望探索宇宙的心理特别感兴趣。作为一名科学专家，他明白数字在这方面的重要性，他也清楚如果偶尔把数字穿插在写作和演讲中会取得最好的效果。

在他所著的《环绕我们的宇宙》一书中，他指出，我们的太阳（恒星）和我们周围的其他行星离我们非常近，以至于我们意识不到太空中运行的其他星体离我们是多么遥远。"甚至离我们最近的恒星距离我们也有25000亿英里之遥。"他说道。然后为了使这个数字不那么抽象，他解释说如果一个人以每秒18.6万英里的光速从地球出发，需要用四年零三个月的时间到达那颗恒星——比邻星。

数年前，班上有位学员将在公路上发生的可怕的车祸死亡人数描述成一幅骇人的图画："你开车从纽约到洛杉矶横跨全国。想象一下，一路上没有高速路标，而是一具具立着的棺材，每具棺材里躺着一个去年在公路上因车祸而身亡的死者。你开车途中，每隔5秒钟便会经过一具这种令人毛骨悚然的路标，因为他们每英里摆放12个，从我们国家的这头一直到那头！"

以后，我每次坐车还没坐多久，那幅画面就会真切地浮现在我的脑海，令人惊悚。

为什么会这样呢？因为耳朵听来的东西很难留存，它们就像冻雨打在光滑的山毛榉树皮上，一下就滚落了。眼睛看到的又如何呢？许多年前，我看见一颗炮弹嵌在多瑙河岸边的一栋老房子上。那颗炮弹是拿破仑的炮兵部队在乌尔姆战役时发射的。视觉印象就像那颗炮弹一样，会产生一种巨大的影响。它们深深嵌入，然后长久保留，而且会赶走所有异议，就像拿破仑赶走奥地利人一样。

不要使用专业术语

如果你从事一种技术性很强的工作——如律师、医师、工程师或者其他专业性很强的工作，那么当你与其他行业的人交谈时，一定要加倍注意，要用普通的言语表达，并给出必要的细节。

我曾听过成百上千次演讲，那是我的专业职责，可惜这些演讲都因为忽视了这一点而惨败。演讲者看上去完全没有意识到一般听众对于专业性较强的行业都很不了解。因此，一定要加倍小心。

那么，演讲者该怎样做呢？他应该阅读和听从前印第安纳州参议员贝弗里奇的建议。

有个好的办法可以一试。从听众中挑选一个看起来最不聪明的人，然后想方设法让那个人对你的论点产生兴趣，要做到这样，事实的陈述必须明了易懂，推理必须清楚。比这更好的办法是，把随父母来的某个小男孩或小女孩作为你的演讲对象。

跟你自己说，如果你愿意，也可以大声地对你的听众说。你要尽量使用简明的语言，让那个孩子听懂并记住你对所讨论的问

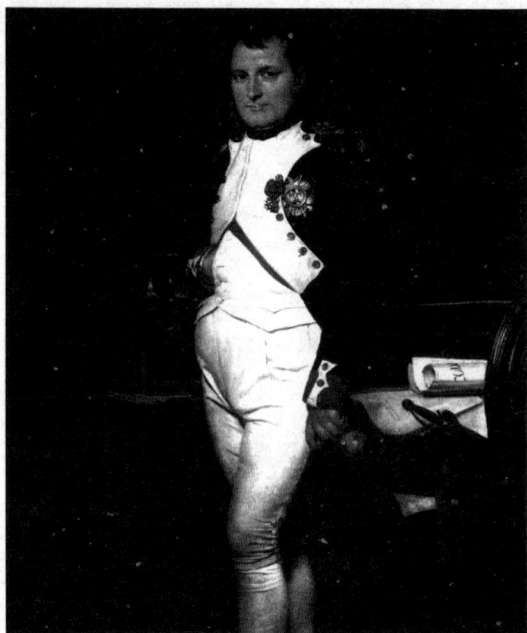

办公室里的拿破仑

题的解释，并且让他能在会后说出你所讲的内容。

　　我班上的一个医生学员曾经在演讲中声称："腹式呼吸非常有助于肠蠕动，对健康有好处。"说完这句话他准备结束这一部分，紧接着去讲其他内容，但老师打断了他。老师请下面的听众举手示意，看谁清楚以下问题：腹式呼吸与其他呼吸方式有何不同？为什么腹式呼吸对人体健康尤其有益？什么是肠蠕动？举手的结果让那位医生大吃一惊，于是他不得不回过头去，用简单的话语把上述问题补充解释一番。

　　说明问题时，最好就是由易到难。假设你向一些家庭主妇说明冰箱必须要除霜的原因，像下面这样说明恐怕不会达到预期的效果。

　　冰箱的原理是建立在"蒸发器把冰箱内部的热量排出"的事实之上的。随着热量被排出，伴随热量产生的水汽便附在蒸发器上，逐渐堆积成厚厚的一层，从而使蒸发器隔热，并使得马达必须加快运作来抵消越来越厚的霜。

　　如果演讲者用家庭主妇熟悉的话来解释上面这段话，那么要容易理解得多：

　　你们都知道在冰箱的什么地方来冷冻肉，你们也知道，冷冻箱常常结霜。日复一日这些霜就会越结越厚，最后必须要给冷冻箱除霜来保证冰箱的正常使用。你们看，冷冻箱四周的霜就像盖在身上的毯子或像房子墙壁间用来隔热的石棉一样。霜积得越厚，冷冻箱就越难把冰箱其他地方的热量排出去，冰箱也就越难制冷。这时，冰箱的马达必须更频繁、更长时间地运转，才能使其冷却。但是，如果你的冰箱有自动除霜器，冰霜就很难堆积那么厚，马达工作的频率和工作的时间都会减少。

关于这一话题，亚里士多德说得好，"思考时，学智者；说话时，学凡人。"如果你必须要使用专业术语，先要解释清楚，使每个听众明白其含义，尤其是对于演讲中多次使用的关键词，你更要如此。

我曾听过一个股票经纪人跟一群想要了解银行和投资基本知识的妇女的讲话。他用词简单，就像平时谈话，大家都觉得很轻松，他把什么事情都说清楚了，只可惜他用的关键词对她们来说很陌生。他提到了"票据交换所"、"看跌期权和看涨期权"、"退款抵押"、"卖空和做多头的出售"，由于他意识不到听众对他所提到的这些专业词语并不熟悉，所以本该是极具吸引力的谈话却笼罩上一团迷雾。

其实使用一些别人可能不知道的关键词并不是不可以，只是当你用到的时候，一定要把它们解释清楚。一定要这么做，使用词典也可以。

第五、利用直观器材

由眼睛通向大脑的神经比从耳朵通向大脑的神经大好几倍。科学表明我们对看到的东西产生的注意力比我们对听到的东西产生的注意力要强25倍。

正如一个古老的东方谚语所说："百闻不如一见。"

所以说，如果你想把话讲得清楚透彻，就要用图说明你的论点，让你的观点形象可见。这也是美国国家现金出纳机公司的创始人——约翰·H.帕特森采用的办法。他为《系统杂志》写了一篇文章，概述他是如何向他的员工和销售人员讲话的。

我坚信一个人不能仅仅依靠演讲来把自己的观点表达清楚或引起关注，要达到这个效果我们还需要用生动的办法。只要有可能，最好用图片来说明正确和错误两个方面。切记：图表比文字更具说服力，而图片又比图表更具说服力。对某个主题的理想的演讲是其中的每一部分都像图片那样直观，而文字仅仅是用来将这些图片联系起来。我早就发现，与人打交道，一幅图要比我所说的任何话都管用。

如果你使用一个图表或统计表，一定要准备大一点的让听众都能看见。好东西也不能用得过多，一长串的图表通常会让人生厌。如果你是一面讲，一面画图表的话，你只需在黑板或在活页挂图上大致地画一画就好了，但动作要快，因为听众对伟大的艺术品并不感兴趣。尽量使用缩略语，字要写得大些、清楚些，在你画画或写字时，也不要停止讲话，并且要不时地转过头看着听众。

当你要使用展示物时，请记住以下这些建议，你肯定就能吸引听众的注意力：

1.把展示物放到一边，等你需要时再拿出来。

2.要确保展示物够大，从最后一排都能看清。听众若看不到展示物，自然什么也了解不了。

3.演讲时，不要将展示物拿到听众间传阅。为什么给自己找个竞争对手呢?

4.展示一件东西时,要将其高举,让听众都能看见。

5.要记住,一件动态的展示物要胜过十件静止的。如果可能的话,就做示范表演。

6.演讲时,不要一直盯着展示物,因为你是要与听众沟通,而不是与展示物沟通。

7.如果可以的话,展示物用完,就把它拿开。

8.如果你要用的展示物适合进行"神秘处理",在你演讲时用东西把它盖起来,放在你身旁的桌子上。你演讲的时候,偶尔提一下展示物,会引起听众的好奇心,但是不要说明它为何物。然后,当你要揭开其面纱之时,你就已经制造了一种悬念,把听众的好奇心和兴趣都激发起来了。

视觉材料在使演讲清楚明了方面,越来越重要。若想确保听众明白你说的是什么,那么告诉他们你内心所想,并随时准备展示给他们看,这是最好的办法了。

有两位美国总统都是善于演讲的大师,他们都认为,能够表达清楚是训练和规范行为准则的结果。正如林肯所说,我们必须拥有一种要把事情说清楚的热情。他曾告诉诺克斯大学校长——格列弗博士,他是如何在孩提时代培养这份"热情"的。

在我童年的记忆里,每当有人跟我讲话,我却听不明白他的意思时,我就会万分恼火。我觉得我后来没再为别的事生过气。但那一直影响我的性情,一直到现在。还记得在晚上,我听完邻居和我父亲的谈话后,都会回到小房间,几乎小半夜都在踱来踱

威尔逊总统在演讲

这是 1919 年美国总统伍德罗·威尔逊在巴黎和会上演讲·旨在捍卫和平条约和国际联盟。

去，想要弄清楚他们谈话中那些我听不懂的话到底是什么意思。尽管我使劲睡觉，却睡不着，因为我还在冥思苦想。我把这些事情思来想去，直到自己用任何一个男孩所能理解的平实的语言说出来为止。这就是我的一种热情，这种热情至今还在。

另一位杰出的总统是伍德罗·威尔逊，也曾写下一些如何清楚表达自己的建议，我正好用它来结束本章。

我父亲是个智力非凡的人，就是他给了我最好的训练。他无法忍受别人说话不清不楚，所以从我开始写作直到1903年他81岁高龄去世，我一直把我所写的东西拿给他看。

他常要我把我写的东西大声读出来，这总是让我很难受。因为他会时不时地打断我的话，问我："这句话是什么意思？"我会告诉他，当然，我解释给他听的语言比我写的语言要简单。"为什么你不这样写呢？"他总会说，"不要用打鸟的小号铅弹射向你要表达的意思，还要命中那么多地方；要用来福枪射向你想说的。"

第九章　做说服性演讲

第一、获取听众的认同

西北大学前任校长沃尔特·迪尔·司各特说："每个想法、概念或结论刚被提出时会被视作真理，除非受到某个对立的观点的阻碍。"这说明，我们应该从听众那里取得认同。我的好朋友哈利·奥佛斯特里特教授曾在纽约市社会研究新学院发表演讲，用一个妙不可言的方法来分析这种说法的心理背景。

懂得说话技巧的演讲人会在一开始就得到许多听众的认同。这样他就已经定好听众的心理过程向着赞同的方向前进。就像运动的桌球一样，击球使其朝一个方向滚去，要让它偏离原方向就需要用一些力气，要让它朝向反方向弹回，就需要更多力气。

通过这几句话，心理模式就能看得很清楚了。

当一个人真的说"不"时，他不仅仅是说出了一个字，他的整个机体——内分泌腺的、神经的、肌肉的都共同进入一种拒绝状态。通常会有一种生理拒绝或准备拒绝状态，尽管细微但有时是可以观察到的。简言之，整个神经肌肉系统都警惕着要防范"接受"。

反之，当一个人说"是"的时候，不会发生任何的拒绝活动。机体怀着向前、接受、开放的态度。因此，我们一开始得到的认同越多，就越有可能得到听众对我们最终提议的注意。

这种获取赞同的技能非常简单，但它又是那么容易被忽视！一开始就采取对立态度，似乎可以让人们觉得自己很重要。这种偏激的人会与比较保守的同胞进行辩论，而且他会立即把他们激怒！但事实上，这样做有什么好处？如果他这样做，只是为了要给自己找些乐子，那么他可能可以原谅，但是如果他这么做是想达到什么目的的话，那么他这个念头就蠢到家了。

无论是学生、顾客、孩子、丈夫或妻子，只要让他们说了"不"字，那么无论你多么有智慧和耐心都很难让他们把挑衅的否定态度转变为认同态度，怕是需要神仙的聪明和耐心才行。

那么，如何在一开始就得到大家都想得到的听众赞同的反应呢？非常简单。林肯曾透露："我开始辩论和辩赢的办法是，首先要找一个赞同的共同基础。"即使在他讨论极为敏感的奴隶问题时，他也能找到那样一个共同基础。《镜报》———一份中立的报纸报道他的一次讲话时如此写道："前半个小时，他的对手会同意他所说的每一个字，他就从这里开始一点点地引导他们，直到他们似乎全部进入他的'圈套'。"

所以，这不恰好证明了如果与听众争辩，只会使他们变得固执起来，处于提防状态，那就很难改变他们的看法吗？演讲一开始你就说"我想证明这个那个"是否明智？当你那样做时，难道你的听众不会把你所说的话当做一个挑战？然后在心里暗暗地想

"让我们走着瞧"吗？

假如一开始你就强调你和所有听众都相信的事情，接着提出每个人都愿意回答的相关问题，这样不是更好吗？然后你引导听众来积极地寻找问题的答案。寻找答案的过程中，给出一些你认为显而易见的事实，这样听众会接受你提出的结论，因为他们觉得这就是自己的结论。他们也会更相信是自己发现了某个事实。"最好的辩论看起来就像一个说明"。

任何争端，无论其分歧有多大多严重，演讲中总会找到某种能够让大家都认同的共同基础。例如，1960年2月3日，英国首相哈罗德·麦克米伦为南非联邦议院的两院做了一场演讲。当时种族隔离政策在南非很普遍，但是他必须在立法机构面前声明英国政府的反种族制度观点。他一开始就提出了在这个观点上两国的根本区别吗？没有。他一开始就突出讲南非在经济上取得的伟大成就，还有南非为世界做出的了不起的贡献。他凭着技巧和策略把观点不同的问题引出来了，即便如此，他也表明他意识到种族问题上的差异是由于两国信念的不同。

他的整个演讲表达很巧妙，让人不禁联想到美国内战爆发前，林肯平和却又有力的讲话。"作为英联邦的一员，"首相说道，"我们非常希望能够为南非提供支持，给予鼓励，但是我希望你们不会介意我直言，正是因为贵国的一些政策使我们没法为你们提供支持和鼓励。在我们的国土上，我们对自由的人们的政治命运怀有坚定的信念，且我们在努力保证人们能有这样的政治命运。如果我们给了你们支持和鼓励，就违背了我们的信念。我认为我们应该如朋友一般去共同面对这样一个事实，即在当今这个世界，我们

图为麦克米伦 1955 年参加日内瓦会议，与美国国务卿杜勒斯（左一）、法国外长皮尼（右二）和苏联外长莫洛托夫（右一）合影。

麦克米伦首相（左二）与众政要

之间存在着不同的观点，不要想着去赞扬谁、责备谁。"

无论一个人是多坚决地不同意演讲人的观点，像上面这样的表白很容易让人相信演讲人的态度是公平的。

如果前首相麦克米伦一开始便强调两国之间不同的政策，而非寻找双方达成一致的共同基础，那么结果会怎样呢？詹姆斯·哈维·罗宾逊教授在其《心灵塑造》一书中，为给人启迪，对这个问题给出了心理学答案。

有时候，我们会发现自己可以毫不抵触、轻轻松松地改变自己的想法。但如果别人告诉我们，我们的想法是错误的，那么我们就会不满这样的诋毁，反而非要坚持下去。难以置信的是，我们对于自己信仰的形成并没有留意，但是当我们发现有人想要叫我们放弃我们的信仰时，我们反而会对信仰充满狂热。

非常明显，这并不是因为信仰本身对我们来说有多重要，而是因为我们的自尊心受到了威胁……"我的"这个词在人的事情当中是最重要的，正确地考虑它是明智的开始。无论是讲"我的"晚餐、"我的"狗、"我的"房间，还是"我的"信仰、"我的"祖国和"我的"上帝，这个词都具有同样的威力。我们不仅会反感别人说我们的手表出了毛病、我们的车子很破，也不喜欢别人说我们的某些方面需要纠正，火星上面的运河、"爱比克泰德"一词的发音、水杨酸的药用价值、萨尔贡一世的生卒年份等。我们乐意继续相信我们习以为常的东西是正确的，若有人质疑我们的看法，我们会心生反感，继而会找各种理由来将该观点反复灌输给他人。结果就是，我们所谓的"据理力争"，不过是为继续相信我们以前所持的观点找理由罢了。

第二、带着富有感染力的热情演讲

假如演讲者带着感情和富有感染力的热情说出他的想法，那么听众的脑子里是不大可能产生对立的念头的。我用"富有感染力的"这个词，因为热情就是这个意思。热情会把所有负面的、对立的念头都置于一旁。

当你的目的是要说服其他人，要记住让他人动情比让他人动脑更管用。情感比冷冰冰的思想更具威力。要让他人动情，演讲者必须情真意切。先不管他编制的细微简洁用语，不管他收集的例子，不管他悦耳的声音，优雅的姿态，如果他不情真意切，所有这些都是华而不实的装饰。

如果你想要打动听众，那么先要打动自己。你的内心经由眼睛流露出来，经由声音四散开来，经由你的行为举止显示出来，如此可与听众进行沟通。

每一次你进行演讲，尤其是当你演讲的目的是说服别人时，听众的态度取决于你的表现。你要是不愠不火，他们对你也不愠不火；你要是无理又敌对，那么他们也一样。亨利·沃德·比彻曾说过：

"如果教徒在集会时睡着了，那么只能做一件事——就是给教会管理员一根棍子，让他戳戳牧师。"

哥伦比亚大学评柯蒂斯奖时，我是3个评委之一。参赛的有6个大学生，他们全都经过刻苦的训练，也都想好好表现一番。唯一不足的是，他们把全部精力都用在考虑如何去获奖，不太想或者根本不想如何去说服别人。

他们已经选好了演讲题目，之所以选这些题目是因为它们有利于演讲技巧的发挥。他们对正在讨论的内容并没有太大的兴趣，因此他们接下来的演讲无非是练习演说艺术。

在演讲学生中，唯一与众不同的是一个祖鲁的王子。他所选的题目是《非洲为现代文明做出的贡献》。他所讲的每一句话都充满感情。他的演讲并不仅仅是练习，而是一样有生命力的东西，生命力来自他的信念和热情。他代表祖鲁人民演讲，代表非洲大陆演讲。他的演讲让大家看到了他的智慧、高尚品德和善意，他向我们传递了祖鲁人民的希望，和他们祈盼我们理解的心情。

我们把奖给了他，尽管他的演讲才艺并不比其他两三个对手强，但是我们几个评委认为他的演讲燃烧着真诚之火，散发着真理之光，而其他人的演讲只不过是煤气炉里摇曳的火苗而已。

第三、对听众表示出尊重和热爱

"人都需要爱和尊重。"在谈到职业喜剧演员时，诺曼·文森特·皮尔博士在开场白中说，"每个人内心都有一种价值意识、名望意识和尊严意识。如果你损害了这些，你就会永远失去这个朋友。所以如果你爱戴并且尊重一个人，你就更要爱他尊重他，自然而然，他也会爱戴并尊重你。

"一次我和一位艺人一起参加一个节目。我和他并不熟，但自从参加那次会面后，我看出他有困难，我觉得自己知道其中缘由。"

"我一直静静地坐在他旁边，因为我就要去演讲了。'你并不紧张，对吗？'他问道。

"'哦，不对。'我回答说，'每次我要演讲时，我总会有点紧张。我非常尊重我的听众，责任感让我或多或少有点儿紧张。难道你就不会紧张吗？'

"'不，我为什么要紧张呢？'他说，'听众们对什么都信以为真。他们就是一群笨蛋！'

"'我不同意你的说法。'我说，'他们是你至高无上的裁判。我对听众十分尊重。'"

后来，皮尔博士听说这个人的名气日渐降低，他确定是这个人的态度引起别人的反感，而不是赢得别人的认同。

这对于我们这些想用某件事情去影响别人的人来说，是多么活生生的一个教训啊！

第四、以友善的态度开始

有一次，一个无神论者向威廉·培利发起挑战。他说没有上帝，以此反驳培利的论点。培利一言不发地拿出他的表，把表壳打开，说道：

　　"要是我告诉你那些杠杆、齿轮和发条都是自己形成的，自己安装在一起，然后各自开始运行，你会不会怀疑我的智力呢？当然，你会的。但请抬头看看天上的星星。每一颗星都有完美的既定轨道并按其轨道运行——地球和行星围绕着太阳运行，这整个星群每天都以超过100万英里的速度运行。每颗星都像太阳一样，有一群环绕着它运行的星球，就像我们的太阳系一样在太空疾驰。但是它们之间互不碰撞，互不打扰，不会陷入混乱。一切都安静、高效、有序。相信这只是偶然发生或者是某个人使它们这样是否更为容易？"

　　假设他一开始就反驳提出异议的人："没有上帝？别犯傻了！你在胡说八道。"如果那样说，结果又会怎样呢？毫无疑问，接下来就是一场唇枪舌剑，不过这样的口舌之战虽然激烈却毫无意义。无神论者会像发怒的野猫一样狂暴地扑向他，坚持自己的观点。为什么呢？因为，就像奥佛斯特里特教授所言，那些是他所相信的观点，如果抨击这些观点，他所珍视的不可或缺的自尊就受到了威胁，他的自尊心也就面临危险了。

　　既然自尊心是人性中一个固有的极有争议的特质，那么我们让它为我所用而非让它与我们作对，岂不是很明智的做法？那该怎样做呢？就像培利那样，我们应该表明，我们的看法与对手所持的看法很相似。这样就会让他较为容易地接受而不是反对你的看法了，这样就会防止对方的脑子里产生对立、相反的想法来使我们所说的话失去说服力。

培利给出了自己对于人类内心活动的精细评价，但是，大多数人都缺少这种与信念堡垒的主人携手进入其中的奇妙能力。他们错误地认为，要想夺取这个堡垒，必须从正面猛攻之、捣毁之。那么随之会发生什么事情呢？对方开始产生敌意时，起连接作用的吊桥被升起来了，心灵之门也被关闭、闩紧，身披盔甲的射箭手也拉开长弓——口舌之战爆发，受伤难免。结果，总是难分胜负，谁都不能说服对方。

我所主张的这种较为明智的方法并没有什么新意。很久以前圣徒保罗便采用了这个方法。他在马耳斯山对雅典人所做的著名的演讲就很熟练、很有技巧地采用了这个方法——使得我们在1900年之后的今天仍为其赞叹。圣徒保罗受过很好的教育，成为基督教徒后，他善辩的特点使其成为基督教主要的拥护者。一天，他抵达雅典——后伯利克里时代的雅典，已经过了鼎盛时期，正逐渐走向衰败。《圣经》有对那个时期雅典的描写："雅典人，和住在那里的客人，都不顾别的事，只将新闻说说听听。"

没有无线电、没有电报、没有新闻报道，那些雅典人肯定每天下午都要费尽九牛二虎之力去寻找一些新鲜事。保罗的到来就是件新鲜事。他们围着他，很兴奋，又很好奇。他们就把保罗带到亚略巴古说："你所讲的这新教义我们也可以知道吗？因为你有些奇怪的事传到我们耳中。我们想知道这些事情是什么意思。"

换句话说，他们邀请他进行演讲，保罗十分乐意地答应了。其实，这也是他去那儿的原因。

保罗当时很可能站在一块大木头或大石头上，就像所有优

《圣徒保罗在狱中》｜荷兰｜伦勃朗

秀的演讲者在演讲开始时一样，心里也有点儿紧张，他也许会搓搓手、清清嗓子，然后开始发言。但是，他不完全同意他们邀请他做演讲的说法，什么"新教义……怪异之事。"——这样想是有害的，他必须把这些念头清除掉，因为这些念头是培育相反、相冲突的观点的沃土，他可不想把他的信仰表现成某种怪异的东西。他想把他的信仰与他们已经相信的东西联系在一起，把他的信仰比作他们已经相信的东西，这样就会抑制住异议。

但是应该怎样做呢？他想了一会儿，想到一个绝妙的法子，他开始这篇不朽的演讲："众位雅典人哪，我看你们凡事很敬畏鬼神。"

有些《圣经》的译本是这样写的："你们非常虔诚。"我认为这样说比较好，而且用词也比较准确。雅典人信奉很多神，他们非常虔诚，而且他们以此为荣。保罗赞美他们、取悦他们，他们开始对他产生好感。有效演讲技巧的法则之一便是用事实来支持论点。他就是这样做的，"我游行的时候，观看你们所敬拜的，遇见一座坛，上面写着'未识之神'。"

你看看，这就证明了他们是非常虔诚的。因为他们害怕会怠慢任何一个神，所以他们建了一个神坛来献给未识之神，这就像一种总括保险单一样，能够预防任何无意的冒犯和疏忽。保罗提到了那个神坛，来证明他并非是在恭维，而是经过认真观察后给予的真实评价。

接着，保罗便开始了他的演讲："你们所不认识而敬拜的，我现在告诉你们，真是无懈可击、恰到好处。"

那些所谓的"新教义……怪异之事。"呢？他一点儿也没提，他只是解释了雅典人一直在崇拜却不认识的那个神的一些真相，这便把他们以前并不相信的事情比作他们已经愿意接受的事情。这就是他高超的演说技巧。

他宣讲救恩和耶稣复活的事，教义中引用了某位希腊诗人的一些诗句，演讲便结束了。

听众中就有讥诮他的，又有人说："我们再听你讲这个吧。"

发表演讲想要说服别人或者想给别人留下深刻印象的话，我们所要做的就是：把你的观点植入他们的心里，莫让他们产生矛盾和对立的想法。精于此道的人在演讲时肯定有能力影响他人。我的另一本书《人性的弱点》针对这个问题提供了很多有用的方法。

几乎每天我们在讨论某个问题时都会遇到一些与自己观点不同的人。你是不是总想尽力让别人同意你的看法？无论是在家、在办公室，或是在各种社交场所，你都会这样吗？你使用的方法还有可以改进的余地吗？你怎样开始说服别人的？用林肯和麦克米伦的策略吗？如果是的话，你就是极具外交手腕和异常谨慎的人才了。

你最好要记住伍德罗·威尔逊总统所说的："如果你走到我面前，对我说'让我们坐下来谈谈吧。如果我们意见不同，那么我们要明白为什么意见不同，争论点到底是什么。'不久我们就会发现我们的差别并不是那么大，我们的不同看法很少，相同的看法却很多。只要我们有耐心、有诚意、有愿望要达成一致，我们就会达成一致。"

第十章　即兴演讲

不久以前，一群企业的头头和政府官员参加了某药品公司新实验室的落成仪式。研究室主任的6个下属轮流介绍了化学家和生物学家所做出的令人瞩目的工作。他们正在研制新型疫苗来抵抗传染性疾病，研制新型抗生素来抗击病毒，研制新型镇静剂来缓解紧张。这些研制出的药物先用动物做实验，然后才用到人身上，药物的效果是显著的。

"这真是太神了。"一名官员对研究室主任说，"你的手下真的像魔术师，不过你为什么不来讲几句呢？"

主任面带窘色地说："我可以对自己的脚讲话——但不能当众讲话。"

随后，主席说了几句话，令他很是吃惊。

"到现在为止，我们还没听到我们的研究室主任讲话呢。"他说，"他不喜欢做正式演讲，但我还是想请他给我们讲几句。"

主任的表现令人同情。他站起身来，费了半天劲说了几句话，最终为自己无话可说而道歉，这就是他发言的要点。

这就是他，在自己的专业卓有成就，可是要让他讲句话却笨嘴笨舌，不知所措。他本可以学会站起来做个即兴演讲。在我的班里，学员们只要态度严谨、意志坚定，就没有做不到的。开始的时候要有坚定无畏、决不认输的态度，这是那位研究室主任没有做到的。然后可能要有挺长的一段时间需要你意志坚定，无论这个事情多么困难。

你也许会说："如果我准备好我的演讲，并反复练习，我就能做得很好。但是假如临时被叫起来发言，我就不知道该说什么了。"

从某些方面看，当场把自己的思想整合并说出来的能力比经过长期辛苦地准备后再讲出来的能力要重要得多。由于现代商业的需求以及当前进行口头交际所具有的随意性，迅速调动我们的思想并将其流利地说出来成为一种不可或缺的能力。当今企业和政府的很多重要决定通常都不是由一个人做的，而是由大家围坐桌前一起商议做出的。每个人仍需表述自己的观点，但是他在小组讨论中说出自己的看法时必须有力度，这就需要他发挥即兴演讲的能力并达到不错的效果。

第一、练习即兴演讲

每个智力正常且拥有一定自控能力的人，都能做一个得体

卓别林饰演的流浪汉和贾克·柯根扮演的乞儿是一对令人难忘的搭档。

《寻子遇仙记》剧照

的，甚至十分出色的即兴演讲——也就是"没有准备的演讲"。在此，有几个办法能够提高你应邀做即兴演讲的能力，其中之一也是一些著名的电影演员曾经用过的。

几年前，道格拉斯·范朋克在《美国杂志》上发表过一篇文章，文章谈及的是他、查理·卓别林和玛丽·璧克馥两年以来几乎每天晚上都会玩的一种智力游戏。当然那不仅仅是游戏，它是在练习最难的演讲技巧——才思敏捷。按照范朋克所说，这个游戏是这样玩的：

我们每个人在一张小纸条上写下一个题目，然后把纸条折起来放在一起猛摇。之后，其中一个人来抽选题目。抽到题目后他必须站起来，就这个题目讲六十秒钟。我们的题目从来没有重复的。一天晚上我居然抽到"灯罩"这个题目。如果你认为简单，那么你就试试吧，反正我是过关了。

关键是，自从我们开始玩这个游戏，我们三个人的思维都更敏锐了，对各种各样的题目了解得更多。但更重要的是，我们学会了在短时间内如何就任何话题整合我们的知识和想法，我们学会了如何做到才思敏捷。

在我的课堂上，都会要求学员做几次即兴演讲。长期的经验让我知道这种练习有两个好处：

1.它可以向班里的学员证明他们能够做到才思敏捷。

2.这种体验使他们在做有准备的演讲时，感觉更踏实、更自信。他们知道，在做有准备的演讲的过程中，假如发生了最糟

卓别林用两个餐叉插着两个面包，把这当做两只脚，在餐桌上表演起舞蹈来。这个小小的「面包舞」把卓别林的喜剧天才表现得淋漓尽致。

《卓别林的"面包舞"》|《淘金记》剧照

的事情，他们的脑袋一片空白时，他们还可以有才智进行即兴演讲，直到想起原来准备好的内容。

所以，每隔一段时间，班里的学员就会听到："今天晚上，每个人都会拿到一个不同的演讲题目，但要等到你站在讲台上时，你才会知道题目是什么。祝你们好运！"

结果怎么样呢？一名会计发现自己要讲的是广告，而一个广告推销员要谈的是幼儿园。一个学校老师的题目可能是银行业，而一个银行家的题目又可能是学校教育。一个文员可能要谈论生产，而一个生产专家可能要谈交通问题。

他们会低下头，选择放弃吗？决不会的！他们并不自命为权威，而是一步一步地练习自己的定题即兴演讲，让自己对某件事情由熟悉到了解。起初，他们并不能讲得很好，但他们做到站起来了，做到开口说话了。有些人觉得很简单，有些人觉得很难，可他们都不放弃，而且所有的人都发现自己表现得比想象的好得多。这令他们欣喜万分，他们发现通过训练可以培养一种连自己都不相信会拥有的能力。

我相信，如果他们能做到这样，那么每个人都能做到——只要你有意志力和自信心。一个人越努力，事情就会越容易。

我们采用的另一种训练人们即兴演讲的方法是"故事接龙"。这是我们课程中一个很刺激的环节。班上的一个学员按要求编出一个他能想到的最吸引人的故事的开头。例如，他可能会说："前几天，我正驾驶着直升飞机，忽然发现一群飞碟向我飞来。我开始慢慢降落，但是在离我最近的飞碟上，有一个小个子向我开火。我……"

这时，铃声响起，表示这个说话的人该停下了，由下一个学员把故事接着编下去。等到班上的每个人都讲完自己的那部分故事，情节可能就发展到了火星的运河上或众议院的大厅里。

这也是很多人都喜欢的一种即兴演讲技巧的训练方法。一个人做这种练习越多，他就越有能力应对在现实生活中，当他在商业和社交活动中不得不"一本正经"地讲话时可能会出现的情况。

第二、做好即兴演讲的心理准备

别人请你做即兴演讲时，他们通常会希望你就这一话题所做的发言具有一定的权威性。而问题是，你得应对当时的情况，自己决定在短时间内你到底要讲什么。要自如地做到这一点，最好的办法之一就是为各种可能出现的情况做好心理准备。当你参加一个会议，你就要一直问自己，如果现在就叫你起来演讲，你会说些什么。此时，你说些什么最合适呢？你怎样对现在正在提出的论点表示赞同或反对呢？

所以，我要告诉你们的第一条建议就是：在任何场合，都要在心理上做好即兴演讲的准备。

这就需要你用你的脑子思考，思考是世界上最难的事情。但是我相信，任何一个人，要是在每次演讲时没有花几个小时的时间去分析他所参与的公共活动的情况，他就不会获得即兴演说家的名声。就像飞机驾驶员要经常给自己提随时可能出现的问题，才能做好准备在紧急情况下冷静、明确地采取行动，即兴演讲的能手平时也要自己进行无数次演讲练习，才能做好随时开讲的准备。这样的演讲，其实就不是"即兴"的了，它们是已经大体做了准备的演讲。

由于你已经知道了演讲主题，你要做的是把演讲内容组织好，要适应当时的时间和场合。而作为一名即兴演讲者，自然你只能讲一会儿，所以要先决定你题目的什么方面会适应当时的场合。不要为你没做好准备而道歉，这是大家都能想到的事情。即使不能马上，也要尽快进入主题，还请诸君听从这一建议。

第三、提出论点后即刻举例说明

为什么要这样做呢？原因有三。

1.你不用为下句话要说什么而伤透脑筋，因为自己的经历即使是即兴地叙述也很容易。

2.你会积极投入演讲，一开始的紧张不安会消失，这样你就有机会来为进入你的演讲主题作准备。

3.你会一下子吸引住听众的注意力。正如前面所讲到的，以事件做例子一定能够立即吸引听众的注意力。

听众深为你所述例子中的个人趣味着迷，你会感到宽慰。这种感觉是你在演讲之初最迫切需要的。沟通是一个双向的过程，引起听众注意的演讲者是马上会意识到的。一旦他注意到接受的力量之大，期盼的热情之高，如同听众头上有一股电流轻轻在流，演讲者就会受到激励要讲下去，要做到最好，要给予回应。这样，演讲人和听众之间就建立起一种融洽的关系，这也是演讲能够取得成功的关键——如果没有这种融洽的关系，就不可能有真正的沟通。这就是我让你先举例子的缘故，尤其是在你被叫起来说几句话的时候。

第四、语言要活泼有力

本书已几次提到，如果你演讲有激情、有力量，你外在的激情表现就会对你的心理过程产生有益的影响。你有没有见过有的人在和一群人交谈时突然开始使用手势？那样做，无须太久他就会表达流利，甚至精彩纷呈，并开始强烈吸引听众了。身体活动和心理活动关系十分密切。我们描述手的活动和心理活动使用的词语是相同的，如："我们把计划拽在手中。"或"我们把想法抓住。"一旦我们的身体充了电，有了活力，正如威廉·詹姆斯所说，我们的大脑很快就会运作起来。所以我对你们的建议是，演讲时要彻底投入，这样才会成为一名优秀的即兴演讲家。

第五、使用适合当时情形的原则

有时会有人拍拍你的肩膀，对你说："来讲几句怎么样？"事先根本不打招呼。你可能正轻松地欣赏主持人的讲话，突然你意识到，他在谈论的是你。每个人都转过头把目光投向你，你还没明白过来就被邀请发言了。

在这种情况下，你的大脑可能要炸了，就像加拿大著名幽默作家斯蒂芬·李柯克笔下那位脾气暴躁、糊里糊涂的骑士一样，

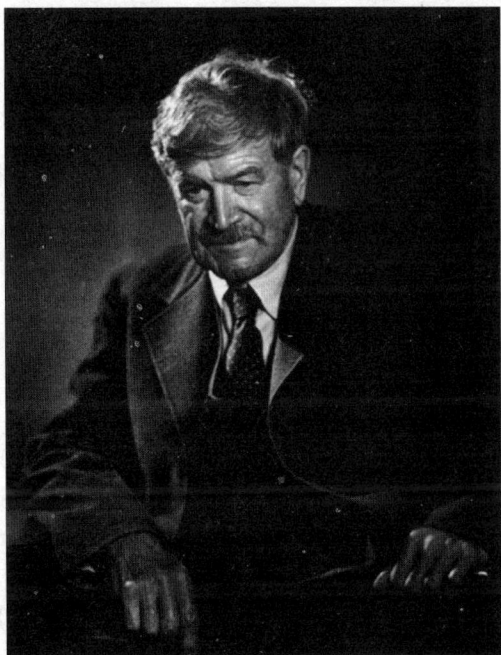

《斯蒂芬·李柯克像》

跳上马"到处逃窜"。但是在这种时候，你应该保持镇定。当你向主席致敬时，你可以获得喘息时机。然后，讲话最好与会议密切相关。听众都对自己和自己正在做的事情感兴趣。所以，有三种来源可以作为你即兴演讲的内容：

一是听众本身。

记住这一点，可以让演讲轻而易举。谈一些与听众有关的事情，他们是什么样的人，他们在做什么，尤其是他们对社区或人类做了什么特别好的事情，使用具体的例子来说明。

二是所处的场合。

确实，你要强调会议召开的详情。是一次周年纪念？颁奖典礼？年会？还是政治或爱国集会？

三，如果你善于倾听，你可以说前面发言人讲话中的某个方面给了你乐趣，并尽情渲染。

最成功的即兴演讲都是即兴想起来的，它们表达的都是演讲者对听众和当时场景的内心所感。它们适合当时的情形，就像手套适合手一样。它们是专门为当时的场景定做的。它们成功的秘诀是：它们像不常开花的玫瑰一样，在那一刻绽放，随后就谢了。但是，听众依然在享受你带来的愉悦，很快人们就把你看作即兴演说家了，比你想的要快。

第六、即兴演讲并非随兴而谈

正如标题所示，即兴演讲和随兴而谈是有区别的。信口开河、断断续续地将一些毫无联系、毫无意义的话硬串到一起是不够的。你要表达的意思必须按逻辑组织起来，围绕一个中心论点，这个论点很可能就是你要对听众讲的。你的例子要与你的中心论点一致，而且，如果你的演讲有激情，你就会发现这种即兴演讲所具有的活力和感染力是准备好的演讲所没有的。

如果你用心记住这里所给予的建议，你就会成为一个称职的即兴演讲者。你可以按本章前一部分所讲的课堂技巧的步骤进行练习。

《马克·吐温演讲漫画》

第四部分
沟通的艺术

第十一章　发表演讲

你相信吗？我们与世人的联系有四种方式，并且只需四种方式。

人们正是以这四种方式对我们进行评估和分类的：我们做什么，我们什么样，我们说什么，我们怎么说。

本章将论述最后一种方式，即我们怎么表达。

我刚开始教授公共演讲课程时将大量时间花在利用发声练习形成共振，扩展音域，加强屈折变化的灵活性之上。但是不久我发现，教成人学员如何通过上鼻窦发出语调，如何发出"流音"元音，真是枉费心机。这种训练适合要花三四年来提高发声技巧的人，而我的学生，我觉得他们须得要满足于他们天生的嗓音禀赋。我发现如果把花在帮助学员学会"横膈膜式呼吸"上的时间和精力用在更重要的目标上——将他们从一般不愿释放的顾忌中解脱出来，那么我就会取得既快速持久又确实惊人的效果。感谢上苍让我能有做此事的见识。

第一、打破忸怩引起的缄默

在我的课程安排中，有好几节课的目的是消除成人的拘谨和紧张。我跪下来——这绝不是夸张，请求我的学员走出缄默，他们自己会发现，如果他们愿意走出缄默，别人就会对自己亲切热情。我承认，这有点困难，但却是值得的。正如法国的福煦元帅谈到战争的艺术时说的："战争艺术的概念很简单，但是执行起来却很复杂。"

打破缄默最大的绊脚石当然是拘谨，不仅仅是身体的拘谨，还有思想的拘谨。这是一种硬化，随着长大成人类别各异。

在听众面前举止自然并不容易，演员都知道这一点。你还是个小孩时，比如说4岁，你很可能爬上舞台，能很自然地跟观众讲话。但是到你22岁，或44岁，当你登台准备演讲时又是怎么样的呢？你能像4岁时一样，保留那种无意识的自然状态吗？也许你能做到，但是十有八九，你会变得拘谨、不自然，甚至机械，像一只乌龟一样，缩回到你的壳里去。

教授或训练成人演讲时，重要的不是给他们加上什么别的特色，而是主要帮他们扫除障碍，让他们都能自然流利地说话，这种自然就是有人要击倒他时他做出反应表现出来的那种自然。

不知道有多少次，我在演讲者讲到一半时打断了他们，请他们"像人一样讲话"。有多少个夜晚，为了让班上的学员能够自然而然地讲话，我回到家时身心都已疲惫不堪。相信我，这事做起来并不像说的那样容易。

在本课程的一堂课上，我让学生把对话的某些部分表演出来，其中有一些甚至还是方言。我让他们尽情地投入到这些戏剧片段中。他们这样做了之后，惊奇地发现，虽然自己表演起来可能像个傻子，但是果真他们这样做了，感觉倒并不坏。而且全班同学对班上某些学员所表现出来的演戏能力大为惊叹。我的观点是，一旦你在人们面前无拘无束，那么你以后在平时、在普通场合表达自己的观点时就不会再拘束了，不管你面对的是一个人还是一群人。

那时，你会觉得自己感受到了自由突然降临，就像一只被笼子囚禁多时的小鸟展翅欲飞一样。你瞧，为什么人们蜂拥着去剧院和电影院——那是因为他们在那里能看到他们的同类无拘无束地表演，在那里他们能看到演员毫无保留地流露出自己的感情。

第二、别去模仿别人——做你自己

我们所有的人都会羡慕那样的演讲者，他们在演讲时表现出主持演讲的技巧，不害怕表达自己的观点，不怕使用独特的、具有个性的、富于想象力的方式来向听众说他们想说的东西。

在第一次世界大战结束后不久，我在伦敦遇到了两兄弟——罗斯爵士和基思·史密斯爵士。他们刚刚驾机完成了从伦敦到澳大利亚的首次飞行，并获澳大利亚政府5万元的奖金。这一壮举在大英帝国引起了巨大的轰动，他们都被国王授予爵位。

赫尔利上尉，一位有名的风景摄影师，曾和他们一起飞了一段路程，为他们拍摄电影。而我则帮他们准备这次行程所拍下的画面的演讲，并训练他们如何去讲。在伦敦的爱乐大厅，他们每日演讲两场，时间长达4个月，两个人在下午和晚上各演讲一场。

尽管他们有着完全相同的经历，他们肩并肩飞行了半个世界，他们做的是同一个演讲，几乎字字相同，但是他们讲起来却根本不像是同一个演讲。

在演讲的词句之外存在着一种重要因素，那就是演讲的风格。这不仅仅是说什么问题，重要的是怎么说。

伟大的俄罗斯画家布鲁洛夫有一次批改一个学生的作业。那学生看着改过的画，非常吃惊，大叫道："啊，你只改了一点点，但是整幅画就完全不同了。"布鲁洛夫回答道："我改那一点点的时候，艺术就产生了。"绘画和帕岱莱夫斯基演奏的作品如此，演讲也是如此。

一个人说话也是同样的道理。英国议会流传着一句老话：一切事情的结果都是由一个人讲话的方式决定，而非事情本身。

"所有的福特轿车几乎都一样。"福特车制造商曾经这样说，但是世间没有两个人是一模一样的。每个新生命在太阳底下都是新事物，以前不曾有过，以后也不会再有。一个年轻人应该对自己有这样的认识，他应该寻找自己身上焕发出来的、令自己与众不同的个性，然后尽力使之得到发展。社会和学校可能会尽量将其身上焕发的个性铸造成型，它们想把我们所有人都放到同一个模板中。但是,我要说,不要让焕发出的个性消失,这是你得到重视的真正的唯一的途径。

有效演讲更是应该如上述所言。

世界上没有一个人跟你一模一样。数以亿计的人确实都长着两只眼睛、一个鼻子和一张嘴,但是没有一个人长得跟你一模一样。他人的特征、处世方法及性格都不会与你的一模一样。当你能自然而然地演讲时,没有几个人能像你那样地表达自己所想。

换句话说,你有你的个性。作为一个演讲者,那就是你最宝贵的财富。坚持自己的个性,珍惜自己的个性,充分发挥自己的个性,正是焕发出的个性令你的演讲充满力量、充满真情。"这是你得到重视的真正的唯一的途径。"各位,不要试图把自己放进一个模板,那样你就会失去个性。

第三、与你的听众交谈

让我给你举个例子,它可以典型地说明许多人讲话的样子。有一次我在瑞士阿尔卑斯的一个夏季避暑胜地——莫伦短时停留。我住在伦敦某公司开的一个酒店里,他们通常每周从英国派几个演讲者来给旅客做演讲,其中一位是有名的英国小说家。她演讲的题目是《小说的未来》。她承认,这并非是她自己选择的题目。总之,对这个题目,她找不到什么值得一说的。演讲前,她只是匆忙地做了一点凌乱的笔记。当她站在听众面前时,她完全忽略他们的存在,甚至看都不看他们,只是时而盯着他们头顶上方,时而看着笔记,时而盯着地面。她眼神恍惚,听她说话像是心不在焉，说出的话语也空虚无着。

那根本不是演讲，那只能算是一种独白，并没有沟通的感觉。所以好的演讲的首要因素是：沟通的感觉。演讲者必须让听众感觉到，信息正从他脑子里和心里直接传递到听众的脑子里和心里。上面例子中的小说家所做的演讲或许可以在戈壁中的沙质无水荒地上进行。其实，这样的演讲听起来好像是在某个这样的地方做的，而不是在对一群活生生的人做的。

关于如何演讲已经发表了许多可笑而无用之论，它们使这一问题一直被附加上各种规则和惯例，变得神秘兮兮的。过时的"演讲术"也把演讲搞得荒唐可笑。一些商界人士去图书馆或书店找到多种"演讲术"的书，其实毫无用处。尽管在其他方面有所发展，但是，在当今美国，几乎所有的州，学生们还是要背诵华而不实的"演讲术"——这种东西中看不中用，像羽毛笔一样过时了。

20世纪20年代以来，一个全新的演讲派别产生了。它与时俱进，如小汽车一样具有现代性、实用性，如电报一样直截了当，亦如给人印象深刻的广告一样具有商业气息，曾经流行的华丽辞藻已不为今天的听众所接受了。

现在的听众，不论是参加15人的商业会谈，还是千人齐聚一堂，都希望演讲者能像聊天一样说话直截了当，希望他们的态度和私下交谈一样亲切自然，但是又更有力度、更有活力。为了显得更自然，他在和40个人交流时必须花上比和一个人交流时更多的精力，就如同建筑物顶上的塑像必须制作得很大，观看的人从地面往上看才会觉得塑像有如真人一般大小。

一次，马克·吐温在内华达州的一个矿场发表演说，演说结束时一个年迈的探矿员向他走来，问道："你平时说话的声调是这样的吗？"

那正是听众所希望的，比"你平时说话的声调"再大一点儿。

将平时说话的声调提高一点是有窍门的，获得这一窍门的唯一方法就是练习。在练习时，如果你发现自己说话有些做作，就停下来，严厉地对自己说："这个地方怎么了？醒醒吧！自然一点。"然后想象自己从听众中挑出一个人——或是坐在后面的，或是你看到的最心不在焉的人，并与他交谈。把其他在座的人都忘了吧，只与他交谈。想象他问了你一个问题，你准备回答，而且你是唯一一个能回答这个问题的人。如果他要站起来和你说话，而你也会跟他说话，这一过程肯定会马上让你的讲话变得更加亲切、更加自然、更加直接。所以想象这就是正在发生的。

你可以不断练习，直到你真的不断问问题、回答问题。例如，在你演讲过程中，你可以说："你问我，我这样说有什么依据？当然，我有充分的依据，那就是……"

接下来就是回答问题，这样做会十分自然，把你演讲的沉闷打破，并且会使演讲变得直接明了、令人愉快、亲切随便。

在商会演讲时，你就要像与老朋友约翰·亨利·史密斯聊天一样自然。在商会里会议是什么呢？也不过就是一群约翰·亨利·史密斯在聚会交谈。你跟他们单独交谈所使用的方法若是成功了，跟一群人说话，肯定也会成功。

在本章较前面部分，我讲到了某个小说家的演讲。几天以后的一个晚上，我们高兴地听到奥利弗·罗基爵士的演讲。他的题目是《原子与世界》。他花了半生时间来思考、研究这个论题，做实验，搞调查。其中有些东西几乎成为他心灵、思想和生命的一部分，这是他非常想告知世人的，他忘记自己是要做一个"演讲"，他根本不操心这个。他唯一在意的是他要精确、清晰地告诉听众有关原子的事情，让他们产生兴趣。他急切地想让我们看见他所见到的，感受他所感受到的一切。

结果如何呢？他做了一个精彩绝伦的演讲。演讲既吸引人，又打动人，给人留下了深刻的印象。他在演讲方面具有非凡的能力，但是我敢肯定，他从不认为自己有那方面的才能，我也敢肯定很少有听众会认为他是一个"公众演讲者"。

如果你在公共场合发表演讲后听众都觉得你是不是接受了什么演讲训练，那你可不是为你老师增光的人，尤其是我这些课程的老师。作为老师，他希望你讲得非常自然，你的听众绝想不到你受过什么正规训练。一个好的窗户本身并不引人注意，它只是让阳光进入室内。一个好的演讲者也是如此。他言谈举止十分自然，让人毫无疑虑，听众根本不会注意到他讲话的方式，他们只注意到他所讲的内容。

第四、专心投入演讲中

真诚、热情和认真也会助你一臂之力。当一个人被其情感所控制时，真正的自我就会浮出表面，所有的障碍都会消除，他的感情之火把所有的障碍都燃烧殆尽。他自然地表现自己、表达自己。一切都是自然的。

所以，在最后，甚至如何演讲这件事又回到本书反复提到的那句话，即：全心全意投入到你的演讲中。

"我永远不会忘记，"布朗院长在给耶鲁大学神学院的学生讲如何布道时说，"我的一位朋友向我描述他在伦敦参加过的一次礼拜仪式的情景。那位布道者是乔治·麦克唐纳。那天早上他先念了《新约·希伯来书》第十一章的经文。等到传道时，他说：'你们各位一定听说过这些人笃信基督的事迹了。我不想跟你们说何谓信仰，因为有很多神学教授在这一点上会讲得比我好。我来这儿，只是想帮助你们相信。'接下来，他简单、诚挚、庄重地叙述他自己对这些看不见但却是永恒的事实的信念，使听众在脑海及心里产生了信仰。他用心去讲，演讲基于他自己的精神生活的真正美好之处，所以他的演讲非常有效果。"

"他用心去讲。"这就是他成功的秘诀。但是，我了解到这样的建议并没有得到大多数人的赞同。它似乎太模糊，听上去不明确。一般人想要一些简单易行的规则，具体的、可及的，像车辆操作手册一样确切的规则。

这就是一般人所想要的，这也是我想要给他们的。这样对他们来说比较容易，同样，对我也比较容易。这样的规则确实存在，但是唯一有个小问题：这些规则并不奏效。它们会使你的演讲变得做作，没有生命力，没有活力。我知道。在我年轻的时候，我浪费了大量的精力按照这些规则来练习演讲。它们当然不会在本书中出现，就如乔希·比林斯有一次在他较为轻松的时刻所说："知道了这么多并非如其所言的东西，也还是没有用啊！"

第五、练习使你的声音更有力，更有弹性

当我们真正将自己的想法传递给听众时，我们会利用声音和身体的许多部分。我们会耸肩膀、动胳膊、皱眉头、提高音量、改变声音的高低和声调，说话语速随着不同的场合和内容或快或慢。但你最好记住，所有这些都是效果而非起因。我们的精神和情感状态都会直接影响这些所谓的语调的变化。这就是为什么我们在听众面前要谈论自己熟悉和感兴趣的话题那么重要的原因，这也是我们必须表现出要迫切地与听众分享那个话题的原因。

随着我们慢慢长大，大多数人都会失去年幼时说话自然而然的状态。我们会慢慢地滑入一个肢体和语言交流的固定模式。我们会发现自己不太乐意去做手势、去表现热情，我们基本不提高或降低语调。简言之，我们失去了真正交流所需要的新鲜感和自然感。我们可能慢慢养成说话太慢或太快的习惯，并且，只要一不小心，我们的用词就会变得支离破碎、马虎草率。

本书中，我无数次地告诉你要表现出自然，你可能会误以为只要表现出自然，我会因此容忍你拙劣的用词、单调的讲话。其实不然。我说我们应该表现得自然的意思是，我们表达自己的观点要充满活力。另一方面，每个优秀的演讲者都不会容忍自己无法再扩大词汇量、无法再丰富想象力、无法再提高表达的多样性和力度。而这些正是每个有志于自我提高的人要追求提高的。

"用辩论代替石头"

尼克松担任美国副总统时访问秘鲁，在首都利马被一群扔石头的示威学生包围，尼克松勇敢地面对挑战，要学生们以辩论代替石头。

　　你最好能够测评一下你自己的音量、音高变化和语速。测评的话，录音机是你的好帮手。另一方面，请朋友给你测评一下也可以。如果你能得到一些专家的建议，那就再好不过了。不过你要记住，这些都是远离听众进行的练习。在听众面前注意你表达的技巧，对于有效演讲尤为重要。一旦你站在听众面前，就要全身心地投入演讲，尽全力对听众的精神和情感产生影响，那么你的演讲十有八九就会得到更多的重视，具有更大的力度，而不仅仅是通过看书学习所得到的那一点点。

晚年的海伦·凯勒在发表演说

第五部分
有效演讲的挑战

第十二章　介绍演讲者、颁奖、领奖

　　当你应邀在公众面前讲话时，你可能会介绍另一位演讲者，或做用于说明、娱乐和劝说的较长讲话。也许你是某个市府组织活动的主席，或者是一家妇女俱乐部的成员，你的任务是介绍下一次会议的主要发言人，或者你也许正期望为当地家长教师联谊会、你的销售团体、工会会议或者某政治组织发表讲话。本章将会帮助你准备一个做介绍的演讲，我也会给你一些关于颁奖和领奖的重要建议。

　　作家兼演说家约翰·梅森·布朗的演讲生动活泼，在美国各地赢得了一大批听众。一天晚上，他和那个将把自己介绍给听众的人谈话。

　　"别再为你的讲话操心了。"这个人对布朗说，"放松。我认为演讲不用特意去准备，不用，提前准备没什么好处。那只会削弱演讲的魅力，破坏兴致。我站起来就等着灵感降临——到现在还从未失过手呢。"

　　布朗先生在自己的书《积习难去》中回忆，这些令人安心的话让布朗先生期待他对自己能做一个很好的介绍，但当那个人站起来做介绍时，他却说了这样一段话：

"先生们，打扰一下好吗？今晚有一些坏消息要告诉你们。我们本想请艾萨克·F.马克森先生给大家做演讲，但他因病不能来。（鼓掌）然后我们又邀请参议员博莱特基先生来做演讲……但他很忙。（鼓掌）最后，我们想请堪萨斯城的劳埃德·格罗根博士，也没如愿。（鼓掌）所以，我们只好由约翰·梅森·布朗来给大家做演讲。（鸦雀无声）"

布朗先生回忆这次灾难时，只说了这么一句话："至少，我的那位灵感家朋友，没把我的名字说错。"

你当然看得出，这个认为自己的灵感能应付一切的人，即使他有意搞糟，也不可能搞出更糟糕的结果。他的介绍有违他对所要介绍的演讲者所负的职责，也有违他对听众所负的职责。其实他要承担的职责并不多，但却很重要。那么多项目策划者意识不到这一点，实在出人意料。

介绍词与社交介绍起同样的作用。它能将演讲者和听众联系到一起，营造一种友好的气氛，在二者之间建立起兴趣的桥梁。那位先生说："你不必做演讲，你要做的只是介绍一下做演讲的人。"这样说错在把事情看得太简单了。没有哪一种演讲比介绍辞更容易被搞砸了，这也许是因为很多受命准备做介绍的主持人把它看得无关紧要。

"介绍词"这个单词，是由两个拉丁词素组成的："intro"即"至内部"，"ducere"即"带领"。它的意思应该是：带领我们深入到话题内部，我们就会想听听关于此话题的讨论。它应该引导我们深入了解演讲者的一些情况，证明他适合探讨这一特定话题的事实。换句话说，一篇介绍词应用来向听众"推销"话题，也应该"推销"这个演讲者，并且应该在最可能短的时间内完成这些事情。

这就是介绍词应该起到的作用。但实际上是这样的吗？十有八九都没有做到——绝对没有。大多数介绍词都贫乏拙劣，根本不合适。它们本不应该这样。如果做介绍的人意识到这项任务的重要性，并能用正确的方法着手去做，他很快就会成为一个大家都争相邀请的主席或节目主持人了。

下面一些建议会帮助你去准备条理清楚的介绍辞。

第一、充分准备自己的发言

即使介绍词很短，很少会超过一分钟，但是它也需要认真准备。首先，你要搜集资料。这些资料要围绕三个方面来搜集：演讲题目、演讲者演讲此题目的资质和演讲者的名字。有时也会出现第四个方面，即演讲者所选的题目为什么会引起听众特别的兴趣？

一定要确信你知道演讲的确切题目和演讲者如何阐述题目的

内容。最尴尬的事情莫过于演讲者会对你的介绍提出异议，声称你介绍的某一部分与他对问题所持有的观点不符。为了避免这种情况，你最好弄清楚演讲人的主题，别想去预测他要说什么。作为介绍人，你的职责是把演讲题目说对，并指出它与听众的兴趣有何联系。如果可能的话，要直接从演讲者那里获取这一信息。

如果你得依靠第三方，比如说该活动的主席，你就要向他索要书面信息并在会议开始前与演讲者核对信息。

但是，也许你所做的大部分准备工作是要搜集演讲者资质方面的材料。在某些情况下，如果你的演讲者在全国或整个地区有名，那么你可以从《名人录》或类似资料中找到确切的收录在册的资料。如果他是一个地方名人，你可以向他所供职的相关公关或人事部门求助。你还可以给他的好朋友或家人打电话来证实资料是否可靠，我主要的意思是要把对方的个人资料弄清楚。与演讲者关系密切的人会乐于给你提供材料。

当然，太多的材料会令人厌烦，尤其当你介绍的演讲者的学位很高，也就不用去说他以前的那些学位了。比如说，你介绍一个人是博士，那么他所获得的学士、硕士学位就没必要再说了。同样，最好说明被介绍人担任的最高职位和最近的职位，而不必列出一大串他大学毕业后所担任过的职位。最重要的是，他所取得的杰出成就一定不要漏掉，那些不太重要的可以忽略不提。

我来举个例子。

我听过一个著名的演讲者——他本可以更有名的——是如何介绍爱尔兰诗人W.B.叶芝的。叶芝要朗读他自己的诗歌。3年

《诗人叶芝像》

前，他已经获得了诺贝尔文学奖，这是颁发给作家的最高荣誉。但是我相信那些听众中知道这个奖项及其重要性的不到10%。所以，这两者都务必要提到。即使别的什么也不说，这两者也必须被提到。但是主持人是怎么做的呢？他完全忽略了这些事实，反而去说什么神话和希腊诗歌。

首要的是，要确定演讲者的名字，并且要很快熟悉它的发音。约翰·梅森·布朗说他曾被介绍为约翰·布朗·梅森，甚至约翰尼·史密斯·梅森。加拿大著名幽默作家斯蒂芬·李柯克在那篇轻松的文章"我们今晚有请……"中，讲述了一个介绍人对他所做的介绍："我们中有很多人都无比高兴地期待着利罗伊德先生的到来，因为他的作品，我们似乎与之相交甚久。其实，我可以毫不夸张地说，他的大名在本市早已家喻户晓。我非常非常荣幸地向你们介绍——利罗伊德先生！"

你搜集资料的主要目的是为了使介绍更加具体，而介绍必须具体才能达到其目的，即引起听众的兴趣并使他们迅速接受演讲者的演讲。一个准备不充分的会议主持人经常会说些含含糊糊、令人昏昏欲睡的话：

"大家都知道，我们的演讲者闻名遐迩，在他所讲的话题方面是权威。我们很想听听他对这个问题有何高见，因为他来自一个很远的地方。我非常荣幸地请出——呃，让我想想，哦，想起来了，布兰克先生。"

我们为他人做介绍时，只需花点时间做准备，就不会使演讲者和听众产生不快之感。

第二、遵循 "题目——重要性——演讲者" 这个公式

对于大部分的介绍，"题目——重要性——演讲者" 这个公式在你组织整理所搜集到的材料时，具有操作性很强的指导作用。

1.题目。介绍一开始，你就应该准确说出这次演讲的题目。

2.重要性。在这一步，你应该在题目和听众的兴趣之间架起一座桥梁。

3.演讲者。你应把演讲者杰出的资历列出来，尤其是一些与其题目有关的资历。最后，你应该确定无误、清楚地说出演讲者的名字。

但是上面这一公式也有很多让你发挥想象力的空间。介绍辞不必削减词句，使其干巴无味。下面我给大家举个例子来说明，一个人既可以遵循这个公式，又不露出公式的痕迹。此介绍词是由纽约市一位编辑霍默·索恩提供的。那是他向一群报界人士介绍纽约某电话公司的主管——乔治·韦尔本时所用的介绍词。

我们演讲者的题目是《电话为您服务》。

在我看来，世界上有很多东西非常神奇，如爱情，又如赌马者锲而不舍的劲头，而打电话时发生的事情也很神奇。

为什么你会拨错电话？为什么你从纽约到芝加哥的电话比从你家打电话到山那边的小镇更快呢？我们的演讲者知道其中奥妙，他还知道其他有关电话问题的答案。20年来，他的工作一直是研究电话行业的各种细节问题，并且负责向其他人解释电话业务。他凭着自己出色的工作成为一家电话公司的主管。

早年讽刺电话的漫画

早年电话常常是人们嘲讽的对象。从电话到无线电广播，技术的进步使演说者终于可以向全世界慷慨陈词了。

现在他要向我们介绍他们公司是如何为客户服务的。如果你对当下的电话服务感到满意，请把他当成守护神。如果最近电话让你烦恼不已，就让他来做辩护发言人。

女士们、先生们，下面有请纽约电话公司的副总裁——乔治·韦尔本先生！

请注意，这个介绍人是多么巧妙地让听众思考起电话的问题。他以提问的方式来激起他们的好奇心，然后又表明演讲者将会回答这些问题，以及听众可能提出的其他问题。

我怀疑这篇介绍词是已经事先写好或者背好的，因为即使是写在纸上，读起来也算亲切随便、流畅自然，但演讲词不应该事先背好。曾有一次，某晚会主席介绍克梅里亚·欧蒂斯·斯金纳时，她刚开始便忘了事先背过的介绍词。当时她深吸了一口气，然后说："由于伯德上将要价过高，我们今天晚上请到了克梅里亚·欧蒂斯·斯金纳。"

介绍词应该是自然而然的，与所在的场合相适应，而不是古板严肃。

上面所引述的韦尔本先生的介绍词中，没有任何陈词滥调，如"它给了我莫大的快乐"和"能向各位介绍是一种莫大的荣幸"。介绍演讲者最好的方法是说出他的名字，或者说"下面我来介绍"，然后说出他的名字。

有一些主持人错在说得太多，令听众焦躁不安，而另一些则沉迷于想象出来的演讲激情中，以给演讲者和听众留下印象，也使得自己有很重要的感觉。还有一部分主持人错在硬扯些陈腐的笑话，有时品味也不怎么高，或者错在玩点幽默，神气十足地藐视演讲者或贬低演讲者的身份。如果你想使自己的介绍发挥效力，上述所有错误都应避免。

下面是另一篇既严格遵循"题目——重要性——演讲者"公式又不缺乏个性的介绍词。请你尤其要注意埃德加·L.斯纳迪在介绍杰出的科学教育家、编辑——杰拉尔德·温特时，是如何把该公式的三个部分结合起来的。

我们演讲人的演讲题目是《今日科学》，这是一个非常严肃的话题。它让我想起了一个精神错乱的病人，他总是幻想自己身体里有一只猫。心理医生提不出反证，于是就假装要给他动手术。当此人从麻醉中醒过来时，医生拿来一只黑猫给他看，并告诉他，他的病已经好了，不料那个人却说："抱歉，医生，那只烦我的猫是灰色的。"

当今的科学状况也是这样。你去抓一只名为U-235的猫，结果抓来一群名叫镎、钚、铀233之类的小猫。正如芝加哥的冬天一样，所有的元素都被制服了。古代的炼金师，最早的核子科学家，临死之前乞求上天让他再多活一天，好探求宇宙的奥秘，而现在的科学家却制造了许多宇宙都想不到的秘密。

我们今天请到的演讲人，了解当今科学的实际情况和当今科学可能存在的情况。他曾是芝加哥大学的化学教授、宾夕法尼亚州立学院的院长、俄亥俄州哥伦比亚巴德尔工业研究所主任。他曾以科学家的身份任职政府部门，也是编辑和作家。他出生在爱荷华州的达文波特，在哈佛取得学位。他在军工厂里完成培训，而且行踪遍及欧洲大陆。

我们的演讲人是好几门学科教科书的作者和编辑。其最出名的书作是《明日世界科学》，是他担任纽约"世界博览会"科学部主任时出版的。他还是《时代》、《生活》、《财富》和《时局》等杂志的顾问编辑，他对科学新闻的解释赢得了大批读者。我们的演讲人所著的《原子时代》一书于1945年出版，出版时间正是在原子弹袭击广岛10天之后。他常说的一句话是："最好的还在后头。"确实如此。我非常荣幸地向各位介绍《科学画报》的主任编辑——杰拉尔德·温特博士，想必各位也以有幸聆听其高见为一大乐事。

几年前，在介绍中将演讲者吹捧一番曾是演讲的时尚。主持人把一束束鲜花堆在演讲者身上，而可怜的演讲者经常被这种浓浓的奉承味道所熏倒。

来自密苏里州堪萨斯市著名的幽默作家——汤姆·柯林斯曾对《宴会主持人手册》的作者赫伯特·普罗克诺说："当一个演讲者想玩幽默而向听众保证演讲一定会很快让他们乐不可支，以至在过道上打滚时，他就会倒霉。同样，当宴会主持人开始含含糊糊地说起威尔·罗杰斯时，你就该明白你倒不如割腕回家了，因为事情已经让他弄砸了。"

从另一方面来说，也不要贬低演讲者。斯蒂芬·李柯克回忆起某位介绍他的主持人是这样结束对他的介绍的："这是本冬季系列演讲中的第一场。众所周知，上一系列演讲并不成功。事实上，我们到年底已经亏空了，所以今年我们实行新办法，试用要价不高的人。下面有请李柯克先生。"

李柯克先生带着讽刺的口吻说道："试想一下，你身上贴着'要价不高之才'的标签爬出来，站到听众面前，心里是什么滋味儿。"

第三、要热情洋溢

在介绍演讲者时，你的态度和内容一样重要。你应该尽可能表现出友好，不必说自己是多么的高兴，而要真正愉快地做介绍，给人以一种慢慢上升到高潮的感觉。最后，当你说出演讲者的名字时，期盼会更强烈，听众们也会更热烈地鼓掌欢迎演讲者。如此，听众表现出来的好的感觉反过来也会激励演讲者做到最好。

在介绍即将结束，你要说出演讲者名字的时候，你最好记住这几个词："停顿"、"分隔"和"力度"。"停顿"意思是在说出名字前要安静几秒，这样会让听众充满期待；"分隔"意思是名和姓之间要稍微停顿一下，这样听众会对演讲者的名字有个清楚的印象；"力度"意思是名字应念得强劲有力。

另外，还要再注意一件事：我请求你，当你念演讲者名字的时候，不要朝他看，要将目光投向听众，直到念完名字，再转向演讲者。我看到很多主持人介绍做得很好，但到最后却搞砸了，就是因为他们转向演讲者，把名字念给他一个人听，听众根本听不清楚。

第四、要真诚恳切

最后，你一定要真诚。别总说那些贬损的话语或玩些含沙射影的幽默。虚情假意的介绍往往会被一些听众所误解。一定要真诚，因为你是在社交场合，而这种场合需要极高的技巧和策略。也许你与演讲者很熟，可是听众们却不熟，你的有些话尽管没有恶意，但可能会遭到误解。

第五、充分准备好颁奖词

"已经证实，人类内心最深切的渴望是得到认可——得到荣誉！"

这是作家玛杰丽·威尔逊写下的，这是能够表达人们普遍感受的一句话。我们一生都想与人相处愉快，我们都想要得到别人的欣赏，别人对我们的赞扬，即使只是一个词——更不用说在正式的社交活动颁奖——都能使精神极为振奋。

网球明星阿尔西亚·吉布森就设法把这种"人类内心的渴望"恰到好处地融合到其自传的书名中，他把它叫做《我要成为重要人物》。

当我们致颁奖词时，我们要确保获奖者真的是一个"重要人物"。他的某项努力已经成功，他值得褒奖，我们集中在一起来给他颁奖。我们所要说的应该简明扼要，但是我们仍需对其认真考虑。对那些颁奖专业户们，这可能并不重要，但是对那些没有那么幸运的人来说，它却可能成为他终身铭记的回忆。

因此，我们在致颁奖词时应该认真考虑选词用字。下面就是一些久经试验证明有效的常规办法：

1.说明为何颁奖。也许是因为长期的贡献，或是赢得一场竞赛，或是因为取得某个杰出的成就。简单地加以说明。

2.讲一些有关获奖者的生平和活动，这是听众感兴趣的地方。

3.说说获奖者是多么有资格获奖，以及听众对他是多么热情友好。

4.恭喜获奖者并且要把每个人对其未来的美好祝愿转告他。

在这个小演讲中，真诚是最重要的。也许不需要谁说，每个人都知道。所以，如果你被选为颁奖词的发言人，那么你跟获奖者一样，都应该感到荣幸。你的同事知道，把这个需要思想和情感的任务交给你，是对你莫大的信任。这肯定不是要促使你也犯其他演讲者犯过的错误，其实这些错误都与夸大其词有关。

在这样的时刻，是很容易夸大别人的优点的。如果获奖者应该得到这个奖，我们必须对他加以赞扬，但是我们不应该言过其实。过于夸张的赞美会使获奖者不自在，而且这也不能令了解他的听众信服。

我们不应夸大奖励本身的重要性。我们应该强调提供奖励者的友善祝愿，而非奖励本身的价值。

第六、致谢时要表达真情实感

致谢词应比颁奖词更简短。我们不用事先背好，但是事先有所准备有益无害。如果我们知道我们即将获奖，在颁奖后，我们应该说几句感谢的话，这是为我们增光的事情。

仅仅咕哝说"谢谢"、"这是我生命中最美好的一天"和"最好的事情",过于泛泛。你可以用更中庸的方式表达自己发自内心的感激之情。下面是我建议的方式:

1.向听众真诚地说声"谢谢"。

2.把荣誉归功于那些帮助过你的人,如同事、老板、朋友或家人。

3.说说奖品或奖金对你来说意味着什么。如果它外面有包装,打开它,拿出来给大家看看。告诉听众它是多么有用、多么漂亮,你打算如何使用它。

4.最后,再一次真诚地表达你的感激之情。

本章我们讨论了三种特别类型的演讲。你在工作中或参加某个组织和俱乐部时,都可能受邀做其中一种演讲。

我劝你在做任何一种演讲时,都要认真仔细地遵循这些建议,那么你就会在恰当的时候说出恰当的话,然后你会因此而感到心满意足。

第十三章　如何组织较长的演讲

　　每个正常人都会在建造房子之前先做好计划。但是为什么在他做演讲前，就一点也不明白他想要做到什么呢?

　　每次演讲都是一次有目的的旅行，必须要制订计划。一个人开始做事时如果没有计划，通常也不会走得很远。

　　我希望我能把拿破仑说的这句话用火红的字写出来，悬挂在世界各地学习有效演讲的学生上课的教室门口上方一英尺处，这句话就是："战争的艺术是一门科学，如果不能仔细计划、深思熟虑，就永远不会成功。"

　　对于他讲的道理，战争如此，演讲也如此。但是演讲者们都意识到这点了吗? 或者，即使意识到了，他们都照做了吗? 没有。许多演讲者用于计划和安排演讲的时间，都不会比煮一碗爱尔兰炖菜的时间长多少。

　　那么怎样才能最好又最有效地安排一系列观点呢? 没有仔细研究过谁都说不出来。问题总是新的，是每个演讲者总要反复自问自答的问题。关于这个问题没有绝对可靠的规则，但是我们或多或少可以给出准备较长演讲的三个主要步骤：引起注意、文章主题和结论。每个步骤都有一些如何展开该步骤的久经试验的方法。

《葡萄干布丁，享乐主义者的一次晚餐》｜英国｜吉尔瑞

第一、立即引起听众的注意

有一次，我问前西北大学校长——林·哈罗德·霍夫博士，作为一个老资格的演讲家，他认为最重要的是什么。他思索片刻之后回答："想出一个引人注意的开场白，能够立即得到听众的赞许。"

霍夫博士抓住了有说服力的演讲的关键：怎样一开口说话就吸引到听众的注意力。下面给出一些办法，如果采用的话，会让你的开场白极具吸引力。

用事件作为例子开始演讲

洛威尔·托马斯是享誉世界的新闻分析家、演讲家和电影制作人。他在讨论"阿拉伯的劳伦斯"时，是这样开场的。

一天，我在耶路撒冷的基督街上散步，遇到了一个男子。他身穿华丽的东方君主的长袍，腰间挂着一把黄金弯刀，这种刀只有先知穆罕默德的后代才能佩戴……

他就这样开始讲自己亲身经历的一个故事，正是这样吸引到了听众的注意力。这种开场白十分管用，基本上屡试不爽。它推动演讲往前发展，我们想知道接下来会发生什么。据我所知，最吸引人的开场白莫过于讲一个故事。

在我所做的许多演讲中，我很多次都用这个故事来作为开场白：

那时我刚刚大学毕业，一天晚上，我在南达科他州休伦市的一条街上走着，看见一个人站在箱子上对一群人说话。我很好奇，所以我也站到人群里去听。那个人说："你们知道印第安人没有人秃顶的原因吗？或者女人没有人秃顶的原因吗？现在，我就要告诉你们其中的原因……"

在这些话里，没有拖拉，也没有预热，而是直截了当讲述事情本身。这样就可以轻而易举地引起听众的注意。

一个演讲者以自己亲身经历的故事作为开场白，定会成功，因为他不用费力去找话说，也不会跑题。他讲的那段经历就是他自己的，可以说是他对他生命中某部分的再现，是他自己的本质。结果是什么呢？结果是以一种自信、轻松的方式帮助演讲者本人与听众建立起友好的关系。

制造悬念

这是鲍威尔·希利先生在费城的彭恩运动俱乐部演讲时的开场白。

82年前，有一本小册子在伦敦出版，它讲述了一个注定会流芳百世的故事。许多人都称它为"世界上最伟大的小书"。它刚问世时，朋友们都聚在斯特兰德街或铁圈球场上，三三两两地相互问道："你读那本书了吗？"得到的回答是："是的，上帝保佑他，我读过了。"

印第安人和独木舟

本图表现了 1910 年时印第安人的生活状况。相比之下，印第安人比其他人更多地保留了人类古老的生活方式。

此书出版当天就卖出了1000本。两周后，此书的需求量达到15000本。从那以后它又经过无数次的再版，并且被译成世界上各种文字。几年前，J.P.摩根出高价买到了此书的原稿，现在它与许多无价之宝一起陈列在他的艺术馆里。这本举世闻名的书到底是什么呢？它就是……

你会对它感兴趣吗？你很想知道更多情况吗？演讲者引起听众的注意了吗？你是否感觉到这个开场白吸引了你的注意力，并一步步地提高了你的兴趣？为什么会这样呢？因为它吸引了你的好奇心并制造了悬念。

好奇！谁能不受它的影响？

你可能也受到影响。你想知道那本书的作者是谁，上面提到的那本是什么书？为了满足你的好奇心，我来告诉你答案吧。作者查理斯·狄更斯，书名《圣诞颂歌》。

制造悬念一定会使你的听众感兴趣。下面就是我在演讲"怎样停止焦虑、开始生活"时制造悬念的办法。我这样开始我的演讲。

在1871年的春天，一个注定要成为一名世界名医的年轻人——威廉·奥斯勒捡到一本书，他读了其中的20多个字，这些字对他的一生产生了深远的影响。

这20多个字是什么？这些字又是如何影响他的未来的？你的听众想要得到这些问题的答案。

《狄更斯像》| 赫伯特·瓦特金斯摄

讲述令人印象深刻的事实

克利福德·R.亚当斯曾任宾夕法尼亚州州立大学婚姻咨询处处长。他在《读者文摘》中曾经发表过一篇题为《如何选择配偶》的文章。这篇文章就是以下面这些让人震惊又赫然醒目的事实开始的。

现在我们年轻人通过婚姻找到幸福的几率真是微乎其微。而离婚的比例却令人触目惊心。1940年，在五六桩婚姻中会有一桩触礁。而到了1946年，1/4的婚姻面临危机。如果这种趋势长期延续下去，那么50年后，这个比例会到达1/2。

下面是其他两个以"令人印象深刻的事实"作为开场白的例子：

陆军部预测，在原子战争爆发后的第一天晚上，会有2000万美国人死亡。

几年前，斯克力普斯——霍华德报花了17.6万元进行一项调查，其目的是要发现顾客们对零售商店的哪些方面不满意。这是迄今为止对零售业问题所进行的花费最高、最科学、最彻底的调查。调查问卷被发送到16个城市的54047个家庭。其中一个问题是："你不喜欢本镇商品的哪些方面？"

将近2/5的人的答案都是一样的：无礼的店员！

以惊心的事实作为开场白，这种方法在与听众建立起联系方面是十分奏效的，因为它会震撼人的思想。它是一种"震撼技巧"，利用出人意料的方法将听众的注意力集中到演讲的主题上来，从而赢得大家的注意。

我在华盛顿哥伦比亚特区讲课时，班上一名学员就用了这种方法来激发大家的好奇心，取得了很好的效果。她的名字是麦格·希尔，下面就是她的开场白：

我被囚禁了10年。但我并不是被囚禁在普通的监狱里，而是囚禁在为自己地位低下担忧所筑成的高墙中和害怕批评的铁窗下。

难道你听了能不想再多了解一下这个真实的故事吗？

惊人的开场白有一点应该避免，就是过于戏剧化、过于夸张。我记得曾有一个演讲者以对天空开枪这种方式开始演讲。他当然立刻就吸引了听众的目光，但也震坏了听众的耳膜。

你的开场白应该亲切随便。检验你的开场白是否亲切随便的有效方法就是在餐桌上试讲。如果你开场的方式并不是那么随便，不适合在餐桌上讲，那么对于听众来说可能也不够亲切。

但通常情况下，应该吸引听众注意的开场白实际上却是整个演讲中最乏味的部分。例如，最近我听到一个演讲者是这样开场的："相信主，并相信你自己的能力……"演讲开头是说教性的，平淡无奇的！可是再听听他的第二句话，就有意思多了，使人心跳加速。"1918年，我妈妈成了一个带着3个孩子的寡妇，一贫如洗……"为什么那个演讲者第一句话不说他的寡母带着3个孩子艰难度日呢？

如果你想引起听众的兴趣，演讲的开头不该有什么引言，而应该从一开始就直接进入故事的核心。

弗兰克·贝特加就是这样做的。他是《我如何在销售业中反败为胜》一书的作者，也是一名艺术家，善于在文章头一句制造悬念。我知道这一点，是因为我与他在美国青年商会的赞助下，在美国各地做有关销售的演讲。他在做关于"热情"的演讲时，那种高明的开场方式总是让我钦佩不已。他不说教、不训话、不讲道、不说概括性的言论。弗兰克·贝特加所说的第一句话便直接切入主题，他一开始是这样谈论"热情"的："在我成为职业棒球手后不久，我就遇到了一生中令我最震惊的事情。"

这样的开场白在听众中间起到什么效果呢？我知道，因为我在场，我看到了听众的反应。他的话立即吸引了听众的注意，每个人都急切地想听到他为什么、又是怎样受到震动的，他对此又做了些什么。

要求听众举手做答

引起听众兴趣和注意的一个绝妙方法就是让听众举手回答某个问题。例如，我在开始《如何预防身体疲倦》这个演讲时，是这样问问题的："让我们举手示意，各位当中有多少人觉得自己在疲劳前就已经感到疲劳了呢？"

记住这一点：在你要求听众举手表决前，通常要先通知听众，你要这样要求了。不要以这样的问题开始演讲："在座各位有多少人觉得所得税应该下调？让我们举手表决一下。"而要给听众一点时间来为表决做准备。例如，"我想要大家举手表决一

《无聊的观众》│法国│古斯塔夫·多雷

下对你们来说非常重要的问题。问题是这样的：各位当中有多少人认为印花税对消费者有好处？"

运用举手表决这个方法的好处就是获得极其珍贵的互动，也就是所说的"听众参与"。当你使用这个技巧时，你的演讲不再是单方面的事情，听众正参与其中。当你问："各位当中有多少人觉得自己在疲劳前就已经感到疲劳呢？"那时，每个人就会思考他们最感兴趣的问题：他自己、他的疼痛、他的疲劳。他举起手，而且很有可能四处张望看看还有谁也举手了。他会忘了他正在听一个演讲。他会微笑，会对坐在他身边的朋友点点头。冷冰冰的气氛被打破了。你，作为演讲者，会觉得轻松，听众也是如此。

答应听众你会告诉他们怎样得到想要的东西

引起别人注意的一个几乎屡试不爽的办法是答应听众要告诉他们如何照你的建议得到他们想要的东西。下面我用例子来解释我的意思。

"我将告诉你们如何防止疲劳。我还会告诉你们怎么能每天增加一小时清醒的时间。"

"我将告诉你你的收入如何能大幅度提高。"

"我向你们保证，如果你听我讲10分钟，我就会告诉你一个使自己更受欢迎的行之有效的办法。"

这种"承诺"式的开场白必定会引起听众的注意，因为它直接触及听众的自身利益。而演讲者却在很多时候都忽视了演讲题目与听众切身利益的这条纽带。他们往往没有开门见山直奔听众关注的事情，而是把这扇门"砰"地关上，以无聊地追溯主题的历史为开场白，枯燥乏味，或者费劲地讲述理解主题必不可少的背景。

我还记得几年前听过的一个演讲，演讲的题目对听众来说很重要：定期体检的必要性。那个演讲者如何开始演讲的呢？他有没有用一个有效的开场白自然而然地增加主题的吸引力呢？他没有。他一开始就平淡无奇地背诵了他这话题的历史，听众也开始对他本人及演讲失去了兴趣。其实，一个"承诺"式的开场白本可以恰到好处。例如：

诸位知道自己能活多久吗？人寿保险公司可以根据累计了上百万人的寿命情况所做的预期寿命表格对此进行预测。他们预测你的寿命大概是目前年龄与80岁之间的2/3。这足够了吗？不，不！我们都渴望能多活几年，我们想要证明这种预测是错误的。但是，你要问了，怎样才能做到呢？我如何能活过那些统计科学家说的剩下的短短几年呢？这有一个答案，一个也许能够做到这一点的方法，下面我会告诉大家如何才会长寿。

现在我让你来判断，这种开场白能否使你感兴趣，它是否能使你认真地听演讲者演讲。你一定会认真听，因为他不仅在谈论与你和你的生活有关的事，而且他已经答应要告诉你对你来说极具个人价值的事情，而不会背些乏味的与个人无关的事情！这样的开场白几乎不可能抗拒。

使用展品

要想吸引人的注意，最简单的方法可能就是拿着某件东西让人们去看。几乎所有生物，不论最简单的生物，还是最复杂的，都会注意那样一种刺激。你有时可以在最尊贵的听众的面前使用这种办法，也很有效。例如，费城的S.S.埃利斯先生就用拇指和食指捏住一枚硬币在我们班开始演讲，他把硬币高举过肩，自然，每个人都盯着那枚硬币，然后他问："有没有人在人行道上发现这样一枚硬币？它上面写道，捡到这枚硬币的幸运儿会在这样那样的房地产开发上获得很多优惠。拾到者只需要把这枚硬币交给……"埃利斯先生随后开始谴责这种错误、不道德的行为。

上述所有方法都很好。你可以单独使用，或者一起使用。你如何开始演讲决定于听众是否愿意接受你和你所传递的信息。

第二、避免引起不利的注意

我请你一定要记住，你不仅仅是要引起听众的注意，你是要引起他们有利的注意。请注意，我说的是"有利的"注意。没有哪个智理的人会一开口便侮辱听众，或者说令人讨厌的话，使听众对演讲者及其演讲内容反感。但是，不少演讲者经常会用以下的一种方法来开头，以吸引听众。

避免以所谓"有趣"的故事开头

由于某种可悲的原因，演讲新手总是觉得，他应该讲个笑话使他的演讲变得"轻松"些。他以为马克·吐温的衣钵已经传给他。

演讲开场白和演讲本身不能沉重迟缓，不能过于严肃。如果你能巧妙地谈及当时的情况，或者演讲当场发生的事情，或者前一位演讲者说过的话，那就尽量去做吧。你可以观察某个不协调的地方，然后将其夸大。这种类型的幽默可能比那些陈腐的帕特和迈克、丈母娘或多毛狗等笑话效果更好，因为它与听众有关，也因为它是原创的。

也许，制造欢乐气氛最简单的方法就是讲讲自己的糗事，讲讲你自己遇到过的可笑、困窘的处境，那才是幽默的本质。杰克·班尼使用这种技巧已有很多年了。他是最早的电台搞笑人物之一。他把自己当做笑柄，拿他演奏小提琴的能力、自己的小气性格和年龄来说事。杰克·班尼全身上下的幽默气质使收听率年年居高不下。

第三、支撑你的主要观点

在激发听众行动这类篇幅较长的演讲中，你可能会有好几个要点，但要点应越少越好，并且所有的要点都需要支撑材料。在第七章里，我们讨论了一个支撑演讲要点的方法，那就是你通过一个故事，一段亲身经历来告知听众你想要他们做什么。这种例子很受欢迎，因为它吸引人们的基本欲望，总结起来就是："人人都爱听故事。" 一件事或者意外是一般演讲者最喜欢用的例子，但是那绝不是支持你观点的唯一办法。你也可以采用数据（也就是用科学方法归类出的图解）、专家证词、类比、展示或演示等。

使用数据

数据用于说明某种例子的比例。它能给人留下深刻的印象，具有说服力，尤其是可以起到证明的作用，这是单个例子不大可能做到的。预防脊髓灰质炎索尔克氏疫苗项目的有效性就是以全国各地收集到的统计数字来证明的，个别无效性的例子是例外，无法证明什么。因此，一个基于这些例外之一的演讲不能令家长相信索尔克氏疫苗项目不能保护他的孩子。

但数据本身也可能让人觉得厌烦，应该明智地使用。使用数据时应配以语言进行解释，使其形象生动。

这里有一例，可以用来说明如何把统计数字与我们熟悉的事情做比较，使人印象深刻。一个主管想要支撑他"纽约人不马上接电话造成大量时间浪费"的论点，他说：每100次接通电话，有7次在接电话人回应之前会有一分多钟被耽搁。这样每天就会浪费28万分钟。以6个月的时间为期，在纽约这样耽搁的时间，差不多等于自哥伦布发现美洲大陆以来全部的营业时间。

仅靠数字和数量本身，是不会给人们留下什么印象的。必须对它们加以说明，如果可能的话，用我们的经历来进行说明。我记得在大库力水坝下的一个大发电房里，听过一个导游的演讲。他本可以告诉我们这个屋子的大小是多少平方英尺，但是这与他实际所用的方法相比，效果就差很多。他告诉我们这间屋子大得足以让10000人在此观看一场在正规场地上举行的足球比赛，另外在球场的两端还有多余的空间用作数个网球场。

许多年前，我在纽约市布鲁克林区中心基督教青年会的演说班里有个学生，他在某次演讲中说到过去一年因火灾受损的房屋数，然后他说，如果将这些烧毁的建筑排列起来，排成的长龙可由纽约排到芝加哥；如果将在火灾中丧生的人每半英里放一个，这条可怕的长龙又能从芝加哥排回到布鲁克林区。

他所给的数字，我几乎听过便忘记了，但是多年过去，我仍然能够不费什么劲就看见那些燃烧的建筑物从曼哈顿岛排到伊利诺斯州的库克县。

使用专家的证词

你可以常用专家的证词来有效地支持你想在演讲中提出的论点，这是很有效的。在使用这些证词之前，必须先回答下列问题检验证词：

1．我要使用的引言是否准确？

2．它是否取自此人的专业知识领域？要讨论经济学，却引用乔·路易斯的话，很显然，你是利用他的名气而非他的专业。

3．引述的对象是否为听众所熟知和尊重？

4．你能确保这一说法是基于第一手资料，而非个人兴趣或偏见？

多年前，我在布鲁克林商会的班里有一个学员，他引述安德鲁·卡耐基的一段话来作为《专业化的必要性》这个演讲的开场白。他这样做明智吗？是的，因为他所选择的这个人深受听众的尊敬，他们认为此人有资格谈论事业成功的事。直至今日，这段话仍然值得重述：

我相信在任何一个行业，真正通往取得巨大成功的道路就是使自己成为这一行里的一个大家。我不相信分散自己资源的策略，我在我的一生中没有见过一个对各方面都感兴趣的人能够挣大钱——在生产这一行里更是没有这样一个人。成功人士都是那些只选择了一个行业并且坚持下去的人。

使用类比

根据韦氏词典，类比就是"两个事物间相似的关系……这种关系不存在于事物本身的相似性，而在于他们具有两个或者更多相似的属性、环境或效果。"

使用类比是支撑主要论点的一个好办法。下面是《需要更多电力》这个演讲的摘录，它是由C.吉拉德·戴维森担任内政部助理秘书时所讲。请你注意，他是如何用比较或类比的方法来支持自己的观点的。

繁荣的经济必须不断前进，否则它就会陷入困境。好比飞机停在地面时只是一堆没用的螺丝钉和螺丝帽。而当它在天空翱翔时，便会适得其所，发挥它的功能。为了在天空中不掉下来，它必须继续向前飞。如果它不前进，就会往下掉——后退是不可能的。

这里还有另一个摘录，也许是演讲史上最好的类比之一了。那是林肯在内战的非常时期，反驳批评他的人时所使用的类比。

先生们，我想要你们先来做一个假设。假设你的所有财产都是黄金，而且你已经都交付给著名的走钢丝表演家布鲁丁，让他

ANDREW CARNEGIE, L.L.D. (lavish library distributor), who believes it a great disgrace to die rich. This sentiment is, however, not taken seriously by his aid associates who are earnestly driving to be disgraced.

《美国钢铁大王安德鲁·卡耐基像》

带着走过横穿尼亚加拉瀑布的钢丝。你会在他穿越的时候去晃动绳子，或者不断地向他喊"布鲁丁，身子再放低点儿！再走快一点儿"吗？我相信你不会那样做的。你会屏住呼吸，一动不动，直到他安全到达。现在我们的政府也处于同样的境地，它正背负着沉重的负担穿越波涛汹涌的海洋。数不尽的财富就在它的手里，它在尽最大的努力。请不要打扰它！只要保持平静，它会让你安全抵达。

用展品进行展示

钢铁锅炉公司的主管跟代理商谈话，他们需要用一种方法来生动地说明燃料应从锅炉底部注入而非从顶部注入这一事实，所以他们使用以下这种简单但效果很明显的说明方法。演讲者点燃一根蜡烛，然后他说：

"请看火苗烧得有多亮，又有多高。由于所有的燃料确实都被转化成热量，所以它几乎不会产生烟雾。

"蜡烛的燃料是由底下注入的，正如钢铁锅炉公司也是把燃料从锅炉底部注入一样。

"假设把燃料从顶部注入蜡烛，就像手工添加燃料的火炉那样。（说到这里，演讲者便将蜡烛上下倒置。）

"请注意火焰是如何逐渐熄灭的，闻闻那些烟味，听听它噼啪的声音。观察一下，由于燃烧不充分，火焰是多么红。最后由于顶部燃料不足，火焰会慢慢熄灭。"

几年前，亨利·莫顿·罗宾逊为《你的生活》杂志写了一篇

《辩护人》| 法国 | 杜米埃

有趣的文章：《律师是如何打赢官司的》。文中描述了一位保险公司的代理律师——亚伯·哈默尔在处理一桩伤害案件时，论证有效生动，具有善于表现的能力。原告波斯德斯威特先生陈述的事由是：自己从电梯上摔落，致使肩膀严重受伤，右臂抬不起来了。

哈默尔对此显得极为关切，他胸有成竹地说："波斯德斯威特先生，现在，请让陪审团看看您能把胳膊举多高。"波斯德斯威特小心翼翼地把胳膊举到耳朵的高度。

"现在让我们看看，在您受伤之前，您能举多高。"哈默尔催促他。"有这么高。"原告一边说，一边把他的胳膊一下子伸过了头顶。

你由此可能就知道，陪审团会对这一论证过程做出什么反应。

在希望听众采取行动的较长演讲中，你也许会列出三个，或最多四个观点，不到一分钟就可能说完。对听众背诵这些观点非常无聊乏味。用什么能使这些观点变得生动起来呢？那就是你所用的支撑材料。它们能使你的演讲有活力、有趣味。使用事件、比较和展示等方法，可以使你的主要论点清楚生动；使用数据和证词，可以有力地说明事实，突出主要论点的重要性。

第四、呼吁采取行动

有一天，我与工业家和人道主义者乔治·F.约翰森聊了几分钟。当时他是了不得的安迪科-约翰森公司的总裁，但更吸引我的是，他作为一名演讲者总能使听众哈哈大笑，有时又让他们哭，通常他们很长时间以后还能记住他所讲的话。

他没有私人办公室，只是在一家很大、很繁忙的工厂里的一个角落办公，并且他的举止与那张旧木桌一样朴实无华。

"你来得正是时候，"他站起来跟我打了招呼后说，"我刚好有件特别重要的事情要去做，我已经大概写下了今晚要对工人讲的最后几句话。"

"在脑子里把演讲从头到尾弄得井井有条，总能让人安心。"我对他说。

"哦，我还没有完全想好呢，"他说，"只有一个大概的想法和我想要做好演讲的具体方法。"

他并不是一个专业演讲者。他从不喜欢用朗朗上口和过于夸饰的词语，但是，他通过亲身感受已经掌握了与人成功交流的秘诀之一。他知道，要想演讲获得成功，就必须有一个好的结尾。他知道，要想让听众印象深刻就必须把演讲合情合理地一步步推进，直到演讲结束。

结尾确实是一场演说中最具战略性的部分，当演讲要结束时，演讲者最后说的话会在听众耳边回响——这些话很可能被记得最久。和约翰森先生不同的是，演讲新手很少会意识到结尾的重要性，他们的结尾往往不尽如人意。

他们最常犯的毛病是什么呢？让我们来讨论一下，并找出解决办法。

有些人总在演讲结束时说："对这一问题我要说的都说了，所以我觉得我该结束演讲了。"这种演讲者通常会释放烟幕，来掩饰他缺乏圆满结束演讲的能力，只是毫无意义地说一句："谢谢各位！"这样的话算不上结尾，这么做是错误的。你明显是个生手，这差不多是不可原谅的错误。如果你要说的话都说完了，为什么不结束你的演讲，立即坐下来结束演讲，而不用说什么"结束演讲"之类的话呢？这样做，听众可以判断出你已经讲完了。这样结束既不会出错，而且还感觉好。

还有些演讲者在说完自己要说的话后，不知道如何结束演讲。乔斯·比灵斯建议人们抓牛时要抓尾巴而不是抓角，因为抓尾巴后要放手容易得多。这种演讲者就是从正面抓住了牛角，然后又想放开牛，但是尽管费了很大力气，也不能逃到安全的篱笆或树上去。所以最后在原地转圈，乱蹦乱跳，不停地重复说过的话，给听众留下不好的印象……

解决方法是什么呢？如何结尾有时是要事先想好的，不是吗？你面对听众，顶着压力，同时又必须留心自己正在说什么，此时你再来想如何结束，是一个明智之举吗？或者按照常识，不是应提前把这事心平气和、安安静静地计划好吗？

怎样使你的演讲到最后达到高潮呢？下面是一些建议。

进行总结

在较长的演讲中，演讲者往往提及很多观点，这样在结束时听众会记不清楚其主要观点。但是，很少有演讲者意识到这一点。他们会误以为，在他们脑子里，这些观点清清楚楚，所以听众对这些观点也清清楚楚。但事实并非如此，演讲者已经花了不少时间来仔细思考这些观点，可这些观点对听众来说是全新的。它们就像一捧撒向听众的弹丸：有一些会撒在听众身上，但是大部分则会在混乱中滚落。用莎士比亚的话来说就是，听众会感觉到"听到了一大堆东西，但是没有一件记得清楚。"

下面是一个很好的例子。演讲者是芝加哥一家铁路公司的交通经理，他是这样以总结来结束演讲的：

"各位先生，简而言之，根据我们在自己后院对这一整批设备的实验经验，根据它在东部、西部和北部的使用经验，支持其操作的合理操作原则，再加上它在一年内阻止撞车事故发生而省钱这一实实在在的证明，促使我急切而毫不含糊地向大家推荐：这种设备应在我们南方分公司立即安装使用。"

各位看到他是如何结尾的吗？你可以不必听他演说的其他部分就能够知道。他的总结用几个英文句子，62个英文单词，就把所有的要点全部涵盖了。

你不认为这样的结结很有效吗？如果你是这么认为的话，你也使用这种技巧吧。

请求采取行动

上面引用的那个结尾是一种典型的"请求采取行动"式的结尾。演讲者希望能做成某件事：南方分公司能够安装那批设备。他请求人们使用这种设备，原因有两个：一是省钱，二是能够阻止车祸发生。演讲者期待人们采取行动，他做到了。这不仅仅是一个进行练习的演说，它是针对铁路部门的董事会做的演说，目的是使他们答应安装使用这种设备。

在请求采取行动的演讲将结束时，当你觉得时机已经成熟，那就开口要求吧！让听众参与，进行捐款、投票、写信、打电话、购买、抵制、报名、调查、赦免无罪，或者做任何你想要他们做的事。但是一定要遵循下面这些注意事项：

要求他们去做的事情要明确。不要说"请帮助红十字会。"这样说太笼统了，不妨这样说："今晚请寄出你的一美元入会费给本市史密斯大街125号的美国红十字会。"

要求听众做力所能及的事情。不要说"让我们投票反对酒鬼。"这是不可能的，因为目前我们并没有这样的投票。你可以让他们参加一个禁酒协会或者给某个专门为戒酒而设的组织捐款。

你的要求要尽可能简单，使听众易于行动。不要说"请写信给参议员反对这个法案。"99%的听众不会那样做，因为他们对此并不特别感兴趣，或者那样做太麻烦，或者他们会忘了。所以想办法让他们易于去做，也乐于去做。怎么办呢？你自己写一封信给参议员，信上这样写："我们请您联名投票反对第74321号法案。"然后将信和钢笔在听众间传递，这样，你很可能会得到许多人的签名，还很可能会弄丢你的钢笔。

第十四章　使用学过的技巧

在我的课堂上，我经常听到学生们告诉我，他们是如何把本书中的技巧运用于日常生活中的，我很开心。推销员说他们的销售额增加了，经理们说他们升职了，主管们说他们的领导范围扩大了，所有这一切都归功于他们在下达指令和解决问题时，运用了有效演讲的技巧。

正如N.理查德·迪勒在《今日演讲》中所说："演讲、演讲的种类、演讲的次数、演讲的氛围……都能成为企业交际系统中的生命线。"R.弗莱德·卡耐迪负责通用汽车公司的"戴尔·卡耐基有效领导课程"，他在同一杂志上写道："我们之所以对在通用汽车公司开展演讲培训感兴趣，一个主要原因是，我们意识到每位监管人在一定程度上都是一名老师。从他对一个可能成为雇员的人进行面试起，经过早期新人训练阶段，再经历常规的工作分派和可能的提升，一个监管人要不断地去解释、描述、惩戒、通知、指导、复审，还要与他所在部门的每个员工讨论无数个问题。"

当我们沿着口头交际的阶梯向上攀爬，直到到达最接近公众演讲的众多领域，如讨论、开会做决定、解决问题和制定政策，我们会再一次看到本书中讲到的有效演讲的技巧是如何转移到日常演讲活动的。在众人面前进行有效演讲的规则都适用于参加会议和主持会议。

如何组织要表达的观点，如何选择合适的词汇来表达，演讲时如何表现出热忱和激情，都是保证你的观点在最终解决阶段得以成立的重要因素。所有这些因素在本书中都得到了全面的讨论，它可以让读者在他参加的每场会议中应用他所学到的。

也许你在想什么时候开始运用在本书前十三章学到的东西。如果我只用"马上"来回答这个问题，你可能会惊讶吧！

即使你根本没有打算将来做公众演讲，我敢肯定你会发现本书中的这些原则和技巧也同样适用于日常生活。如果你能分析一下你每天都说的话，你就会惊讶地发现你的日常谈话和书中讨论的这些正式演讲之间的目的是相同的。

在第七章，我们要求你当众说话时，要将四种主要目的中的一种牢记在心；你可能想给他们一些信息，或让他们开心；或说服他们，让他们认为你的立场是正确的；或者劝说他们采取某种行动。在公众演讲中，我们试图将这些目的加以区别，不论在演讲内容方面，还是在演讲行为方面，都要这样做。

在日常谈话中，这些目的是不定的、彼此融合的，每天都在不断变化的。我们可能这会儿在与朋友聊天，过会儿我们也许就会推销某种产品或说服小朋友把他的零用钱存入银行。把本书中提到的技巧运用到日常谈话中，我们可以使自己的谈话更有效果，使我们的想法被别人理解得更好，而且以技巧与事实来激发他人的兴趣。

第一、在日常谈话中使用具体细节

让我以这些技巧中的一个为例。还记得在第四章中，我让你在演讲中添加细节吗？添加细节，你就可以使你的观点变得生动形象又有趣。当然我主要考虑的是如何在众人面前讲话。但是这种使用细节的方法在日常谈话中不也一样重要吗？回想一下你朋友中真正有趣的演说家吧。他们不就是在演讲中多用生动形象的细节吗？他们不就是有能力使用图画般形象的言语吗？

在你开始提高演讲技巧前，必须要有自信。在本书前三章所介绍的一切几乎都非常有用，能够使你与人打交道时很安全，也能够使你在非正式社会团体中大声发表你的意见。一旦你迫切需要表达自己的思想，即使是在有限的范围，你也会开始搜寻你的一生，找寻可以转化为对话的材料。这时奇迹发生了——你的视野开始开阔，你会看到你的生活有了新的意义。

家庭主妇的兴趣可能会有些局限，当她们开始将讲话技巧的知识应用到小团体谈话时，她们非常热衷于报告发生的事情。"我新近发现的信心给了我在社交场合说话的勇气，"R.D.哈特夫人在辛辛那提告诉她的同学，"我开始对时事产生兴趣。我不再从那些聚会交谈中退出，而是热切地参与。不仅如此，我还以我做过的一切事情作为我谈话的素材，我发现自己对许多新的活动也逐渐产生了兴趣。"

对于一位教师来说，哈特夫人这番充满感激的话并不新鲜。一旦学习和应用已学到的东西的动力受到激励，它就会开始一系列的行动和相互作用，使人的全部个性活跃起来，成就的整个过程就会确立起来。正如哈特夫人一样，通过将本书教授的所有理论中的一种付诸实践，就能产生成就感。

尽管我们中很少人是专业教师，但是我们每天在很多场合都会使用谈话这种手段来告知别人一些事。比如父母教育孩子，邻居介绍修剪玫瑰的新方法，游客对选择旅游最好的路线相互交换意见。我们经常发现自己要进行谈话，这样的谈话需要思路清晰、连贯，需要表达有活力、有力量。第八章所讲述的告知式演讲的技巧也可以应用于这些场合。

第二、在工作中使用有效的谈话技巧

现在我们开始谈论交际过程，因为它会对我们的工作产生影响。作为推销员、经理、职员、部门主管、团队领导、教师、部长、护士、主管、医生、律师、会计和工程师，我们都有责任解释某些专门的知识领域，给出专门的说明。我们是否能用简洁清晰的语言进行解释说明，是上司对我们的能力进行判断的依据。进行说明式演讲能培养快速思考和灵活表达的能力，但是这种技巧并不只限于在正式演讲中使用，我们每个人每天都会使用它。今天，在商业和专业演讲中，大量的企业、政府部门和专业组织的口头交际课程都强调语言简明清晰的重要性。

第三、寻找机会当众讲话

在每天的谈话中使用本书的原则，你可能会意外获得最大的收

演讲结束后爱因斯坦回答问题

1934 年，爱因斯坦向 400 名美国科学家发表演说，讲解能量聚集理论，演讲结束后他回答了大家的问题。

获，除此之外，你还需要寻找每个当众讲话的机会。怎样做到这一点呢？你可以参加那些举行某种当众演说的俱乐部。不要做一个不活跃的会员、一个旁观者。积极加入，帮忙做些委员会的工作，大部分这样的工作都是需要求人的。要做项目负责人，你就会有机会见到你社团中优秀的演讲者，你自然而然就会被邀请做介绍。

你要尽可能快地做一个20到30分钟的演讲，将本书作为指南，按照那些建议去做。让你的俱乐部或组织知道你为演讲做了准备，服务于你所在城镇的演讲者办公室。人们正寻找志愿者来为募集资金的活动进行演讲，它们会为你提供一个演讲者必备的素质，那会对准备演讲极有帮助。许多著名的演讲者都是这样开始的，其中的一些人已经跻身于显赫地位。就拿山姆·利文森为例，他是一名广播和电视明星，也是在全国各地广受欢迎的演讲家。他曾在纽约任中学教师，演讲是他的兼职。他开始做短小的演讲，谈他最熟悉的事情——他的家庭、亲戚、学生和工作中那些不寻常的事情。不承想这些演讲竟火了，他很快就受邀在许多团体进行演讲，这些开始影响到了他的教学工作。但是，那时他已成为许多电视节目的嘉宾，不久以后，山姆·利文森把他的才能全部转到娱乐界。

第四、必须坚持不懈

当我们开始学习新的东西，如法语、高尔夫或公众演讲，我们不会一直稳步前进，我们也不会渐渐地提高，我们会像波浪一样地前进，突然开始，又突然停止。然后在一段时间内我们会静止不动，甚至会倒退，失去先前已经得到的一些领地。这些停滞不前期或者倒退期，心理学家都非常了解。他们把这段时期称为"学习曲线中的高原区"。学习有效演讲的学生有时会被困在这些高原上，也许会困几个星期。尽管他们很努力，但似乎还是无法摆脱困境。意志薄弱的人会在绝望中选择放弃，那些意志坚强的人会坚持，最后他们会发现，几乎在一夜之间，也不知道是怎么回事、什么原因，他们突然就取得了极大的进步。他们就像飞机自高原上飞起，他们的演讲转眼间变得自然、有力、充满自信。

你可能会像本书其他部分所讲的那样，刚开始站在听众面前，你会感到恐惧（尽管是一闪而过）、惊慌、紧张、焦虑。即使是已经无数次在公众面前表演的最伟大的音乐家也会有这种感觉。帕岱莱夫斯基在开始演奏前总是不安地摆弄自己的袖口。但是他一旦开始演奏，所有对听众的恐惧，就如同8月里太阳升起后雾气一下就消散了。

你可以有他那样的体验。如果你坚持，你很快就会排除一切，包括最初的恐惧，而它也仅仅是最初的恐惧。在说出最初的几句话后，你就能控制住自己，你就会愉快地演讲。

一次，有一个年轻人突发奇想要学法律，于是写信向林肯征求建议。林肯回信说："如果你立志要做一名律师，事情就已经成功了一大半……把自己要成功的决心永远铭记于心，比其他任何事情都重要。"

林肯了解，是因为他全都经历过。在他的一生中，他上学的时间不超过一年。书呢？林肯曾经说过他看的每本书都是步行到离他家50英里的地方借的。小木屋里的柴火总是整夜燃烧，有时他借着火光读书。小木屋的木头里有裂缝，他经常把书塞在那里。第二天早上天一亮，可以看书了，他就从树叶铺成的床上一骨碌爬起来，揉揉眼睛，把书拿出来，开始如饥似渴地看书。

他会步行二三十英里去听演讲，回到家，他在任何地方——田野里、树丛里，在金特里维尔琼斯杂货店聚集的人群前都会练习演讲。在纽塞勒姆和斯普林非尔德，他加入了文学和辩论社团，拿当天的演讲题目来练习演讲。他在妇女面前会害羞，当他追求玛丽·托德时，他常常坐在走廊上，羞涩而沉默，在她说话时时常找不到话说，只有倾听的份。但是就是这个人，坚持不断地在家练习，使自己能够与那时最杰出的演说家道格拉斯参议员进行辩论；也是这个人，在葛底茨堡，而后在他第二次就职演说上，攀上了人类演讲史上无人达到的高度。

难怪回想起自己碰到过的困难和艰苦的奋斗历程，林肯写道："如果你立志要做一名律师，事情就已经成功了一大半。"

白宫总统办公室里挂有一张亚伯拉罕·林肯的照片。西奥多·罗斯福说："我要决定复杂难处理的事情、权益相互冲突的事情的时候，我就会抬头看看林肯，努力想象他要是在我的位置、处于我这种情况会做什么。你知道他做了什么。在美国参议员的角逐中，他被斯蒂芬·A.道格拉斯打败后，告诫他的追随者们：'失败之后，甚至失败一百次后，也不要放弃！'"

第五、坚信前面能有收获

我多么希望我能让你每天早上吃早饭时都能把这本书打开看

西奥多·罗斯福总统发表演说

看，直到你记住威廉·詹姆斯教授说的这些话。

希望年轻人不会对他所受教育的结果担心，无论是什么教育。如果他每个工作日的每个小时都确确实实忙碌地度过，他也许可以安安心心的，不用去管最终的结果。他可以信心十足地等着某个美好的早上一觉醒来，发现自己成为同代人中最有能力的人之一，不论他选择什么追求。

现在，有了知名的詹姆斯教授来支持我，我可以说，只要你一直明智地练习下去，你就可以十分自信地等着在一个美好的早晨，你睡觉起来发现自己成为本城里或本社区中能胜任的演讲者之一。

不管这话现在在你听来有多神奇，它的确是一条普遍原理，当然也有例外。如果一个人智力低下，人格欠佳，没有任何话题可谈，他不会成为丹尼尔·韦伯斯特式的人物。但是，正常情况下，这个推断是成立的。

让我来举一个例子。

前新泽西州州长斯多克斯参加我们在特伦顿某个班的结束晚宴，他说他当晚听到的那些演讲与他在华盛顿参、众议院听到的一样精彩。这些特伦顿"演讲"是由那些几个月前由于有听众恐惧症而张口结舌的从商之人讲的。他们不是古代的西塞罗，他们是新泽西的商人，他们是典型的商人，在美国任何一个城市都能看到，但是他们在某个美好的早上醒来，发现自己已成为本市，也许是整个国家当之无愧的演讲者。

我知道并仔细观察过成百上千的人，他们想要获得自信和当众演讲的能力。只是在一些情况下，成功者是超常出色的人。

而在大多数情况下，成功者是你在自己的家乡也能见到的普通商人，但是他们坚持。倒是那些较为杰出的人有时会泄气，或者过分沉迷于赚钱，最后收效甚微。但是那些坚定不移、目标专一的普通人最后都登上了顶端。

这是合乎人性的，也是很自然的。你难道看不到在商界和同业类似的事情总在发生吗？老约翰·D.洛克菲勒曾经说过，在商业领域里想要成功，第一要素就是要有耐心，并且能认识到最终会有报偿。同样，这也是有效演讲要获得成功的首要因素之一。

几年前的一个夏天，我启程去攀登奥地利阿尔卑斯山一座名为怀尔德·凯泽的山峰。贝迪克说过，攀登该峰十分困难，非专业登山者必须要有向导。我和一个朋友一起，没有雇佣向导。我们只是业余登山者，有人问我们，我们是否认为自己会成功，我们的回答是："当然！"

"你们怎么会这样认为的？"他问道。

"因为别人没雇向导也成功了，"我说，"所以我认为这是正常的，而且我做事情时从不去想失败。"

这是做任何事情都要有的恰当心态，无论是演讲还是攀登珠穆朗玛峰。

你有多成功在很大程度上取决于你演讲前的思想。不妨想象自己随心所欲与别人讲话是什么样子。

这是你力所能及的事情。要相信你会成功，要坚定地相信自己会成功，然后你就会去做获得成功所需要做的事情。

内战时期，海军上将杜邦给出了六条无懈可击的理由，说明自己为何没有率战船进入查尔斯顿港。法拉格上将认真地听他讲完，然后搭腔："但是你没有提到另一个理由。"

"什么理由？"杜邦上将问道。

法拉格回答说："你不相信你可以做到。"

在我们的课堂训练上，大部分学员学到的最有价值的事情是他们的自信提高了，而且更加坚定了自己能够成功的信念。能够成功完成几乎任何事情，还有比这更重要的吗？

爱默生写道："没有热情就不能做成大事。"这不只是一个表达恰当的文学辞藻，它也是通往成功的路线图。

威廉·莱昂·菲尔普斯也许是耶鲁大学最受学生爱戴和欢迎的教授了。他在他的著作《教书的刺激之处》中说道："对我而言，教学不仅仅是一门艺术，也不仅仅是一个职业，它是一种热情。我热爱教学，就像画家热爱绘画，歌手热爱唱歌，诗人热爱写作。早上我起床的时候，想到我的那群学生我就会热情满怀，身心愉快。"

一位老师对其职业是如此充满热忱，对他面前的工作又是如此热情，成功还算是奇迹吗？菲尔普斯以他投入到教学中的爱、热情和激情给了学生巨大的影响。

如果你能把激情投入到学习如何更有效率地演讲中，你就会发现前进道路上的障碍都会消失得无影无踪。把你所有的才干和力量都放到与你的同事有效沟通这个目标上，这的确是一个挑战。想一想那种自立、自信和将会属于你的镇定，想一想那掌握一切的感觉，因为你能吸引别人的关注、能牵动他人的情感、能说服一群人采取行动。你会发现自我表达的能力会提高其他方面的能力，因为有效讲话训练是获得工作和生活整个领域的自信心的必然之路。

在给教授"戴尔·卡耐基课程"的教师的指导手册中，有这样一些话：

"当班里学员发现他们可以吸引听众的注意力，能够得到老师的表扬，能够得到同学的掌声——当他们能够做到这些时，他们就培养了一种内在的力量、勇气和镇定，这是他们从未体验过的。结果是什么呢？他们会去做，也会做成他们从未想过能够做成的事情。他们发现自己渴望在众人面前演讲。他们在商业、专业和社区活动中发挥积极的作用，并成为领导。"

"领导能力"这个词在本章之前的各章节中都频繁使用。清晰、有说服力、断然有力的表达，是我们的社会中领导能力的标志之一。领导人无论是在私人访谈还是在公众宣讲中，其言辞都会受这样的表达的支配。正确使用本书中的技巧有助于培养你的领导能力——不论是在家庭、教会团体、民间组织、公司还是在政府部门。

我有一个梦想——马丁·路德·金在演说

附录

外国著名演说词六篇

申　辩

苏格拉底

　　苏格拉底(公元前470-399)是古希腊大哲学家。他毕生以教诲和引导他的同胞为己任。按他本人的比喻，他是神赐予希腊的一只牛虻，而希腊是一匹因体躯过大而行动迟缓的骏马，需要一只牛虻去叮咬以促它前进。由于苏格拉底常常用辛辣的智慧"叮"他的同胞——他常打着"我知道我一无所知"的旗号向人提问，诱使对方一步步谈出自己的看法，然后指出对方的自相矛盾之处，使对方无法自圆其说并不得不承认自己对所谈的话题所知无几——因此，苏格拉底一方面受到从他那里获得过教益的人们的尊敬和爱戴，另一方面又遭到那些因被他揭露无知而感到羞辱的人们的嫉恨。

　　公元前399年，苏格拉底被嫉恨他的人指控犯有"渎神违教"、毒害青年等罪。在审判他的法庭上，苏格拉底非但没有认罪，反而把原告和审判官们"叮"了一顿。他的高傲态度激怒了一部分审判官，结果法庭以微弱多数通过了判他服毒自尽的判决。苏格拉底无畏地接受了对他的判决，坦然地喝下了那杯毒酒。据色诺芬记载，在和苏格拉底诀别之际，一个崇拜者说："我真不忍心看到你被他们这样不公正地处死。"苏格拉

《苏格拉底之死》

底回答说："难道你忍心看到我被他们公正地处死吗？"

本篇是苏格拉底在法庭上的自我辩护的片段，是由苏氏的学生、大哲学家柏拉图记录的。

如果从另一个角度来思考，我们就会发现有足够的理由相信死亡是件好事。因为死亡不外乎以下两种情形之一——要么是一种无知无觉的虚无状态，要么就是如常人所说，灵魂经过变化从这个世界转移至另一个世界。假如你认定死亡不过是一种毫无知觉的长眠，一种甚至不受梦的困扰的长眠，那死亡可真是一场妙不可言的收获。假如有人把这恬然无梦的长眠与他其他的日夜比较，看有多少日夜比这长眠更加美妙惬意，我看他说不出多少个这样的日夜。不仅平民百姓是如此，显赫的帝王也不例外。如果死亡是这么一种长眠，我真觉得死亡是一种收获，因为这样一来，永恒不过是一夜而已。

假如死亡是进入另一个世界的旅行，而且在那里，如人们所说，所有死去的人都能相会，那么，诸位朋友和法官，还有什么比这更美妙的呢？假如这个旅行者到达地下的世界，摆脱了这个尘世的判官，在那里碰上真正正直的法官迈诺、拉达曼塞斯、阿卡斯，碰上特立普托勒默斯，以及神的其他一些正直的儿子们，那他的冥府之行真是值得啊。假如他能够和俄耳甫斯、缪萨尤斯、赫西俄德及荷马交谈，他还有什么东西不愿舍弃呢？假如死亡真是这样，我真愿死了一次又一次。我还非常希望在那里和帕拉默德斯忒拉蒙的儿子阿杰克斯以及其他受不公正判决而死的古代英雄相会，与他们一起交谈。

我相信把我自己的苦难和他们的苦难比较是一件快事。最重要的是，像在这个世界一样，在那个世界，我能继续探究事物的真伪，能弄清谁是真正的睿智之士，谁只是假装聪明，谁又是愚蠢的家伙。法官们啊，为了换取机会研究伟大的特洛伊远征的统帅，研究俄底修斯或西西弗斯，研究其他无数男男女女，谁不愿舍弃一切！与这些人交谈并向他们提问，那是多么令人快慰的事情！在那个世界，绝不会有人因提问而获死罪。如果传说属实，住在那个世界的人除了比我们快乐以外，还会获得永生。

因此，法官们，不要为死感到沮丧，要知道善良的人无论生时还是死后都不会遭受恶果，他以及他的家人都不会被诸神忽略。我的即将来临的死也并非纯粹出于偶然。我清楚地知道我摆脱烦恼的时刻到了，我死去比活着好些。难怪神谕没有显现任何不祥之兆。也是由于同样的理由，我不怨恨判决我的人或指控我的人。尽管他们对我不怀善意，他们并未使我受到伤害。不过，我可要为他们的不怀善意稍稍责备他们。

但我还是要请求他们帮我一个忙。我的朋友们，在我的儿子们长大之后，我请求你们严厉管教他们。假如他们把财富或任何其他东西看得高于品德，那么，请你们像我劝诫你们一样劝诫他们。假如他们自以为了不得，那就请像我谴责你们一样谴责他们，因为他们忽略了本该看重的东西，自己本来渺小却自命不凡。倘若你们能够这样做，那么我和我的儿子们都从你们手里获得了正义。

离别的时刻到了，我们各自上路吧——我走向死亡，而你们继续活下去。至于生与死孰优孰劣，只有神明知道。

莫雅平 译

不自由，毋宁死

帕特里克·亨利

帕特里克·亨利(1763—1799)是美国独立战争期间的激进派政治家，以其政治演说闻名于世。

18世纪中叶，英国殖民主义者为了转嫁英法战争造成的危机，加强了对北美殖民地人民的控制和勒索。这自然激起了北美13州人民的愤怒和反抗，于是英国政府派大军压境，战争呈一触即发之势。当时北美的一些资产阶级领导人，因担心损害自身利益，极力主张与英国和解，希望通过哀求使英国作出让步。在这妥协之声甚嚣尘上的关头，亨利在弗吉尼亚州的议会上发表了这篇著名的演说，喊出了"不自由，毋宁死"的响亮口号。

在这篇演说中，亨利采用了欲擒故纵的策略，先是肯定主张妥协者们的才智和爱国精神，然后冷静地说明了重大问题需慎重考虑、各抒己见以弄清真相的必要性，这不仅有利于缓和会议的气氛，而且为自己直抒己见铺平了道路。在"纵"过之后，亨利对保守派和妥协派进行了巧妙而有力的反驳，他用英军重兵压境、情愿招致侮辱等事实证明了时局的真相：和平已不复存在，战争已不可避免，妥协意味着奴役，拿起武器才是唯一的出路！在演说的末尾，亨利说："我不知道别人做何选择；至于我，不自由，毋宁死！"这样的演说措辞激烈，语调激昂，但不强加于人，其中表现的殉道精神更是为演说增加了生命的砝码和人格的力量。结果，亨利的演说完毕之后，全场为之愕然，随即几个与会代表站起来高喊："拿起武器！"紧接着全场响起了"拿起武器"的壮烈呼声。

在本篇演说中，反问句和排比句得到了成功地运用，如："难道炮舰和军队是保护我们及促进和解的必要手段吗？难道我们已表示决不愿和解，因此英国政府不得不诉诸武力以赢回我们对它的爱吗？……难道生命就那么宝贵，和平就那么美好，竟然值得以戴镣铐和受奴役为代价去换取吗？"

主席先生：

没有谁比我更钦佩刚才发言的各位先生的爱国精神和才智。不过，人们观察同一事物的角度常常各不相同，因此，假如我无所顾忌、毫无保留地说出我的观点，说出我与先生们截然不同的观点，我希望我不会因此被误会为对他们有所不敬。现在不是讲客气话的时候，摆在诸位面前的是一个事关国家存亡的问题。我个人认为，这是一个关系到要么享受自由、要么遭受奴役的大问题。鉴于它事关重大，我们的辩论应该允许各抒己见。只有这样，我们才可望弄清真相，完成上帝和我们的国家赋予我们的使命。在这紧急关头，假如我由于害怕得罪诸位而缄口不言，那我认为我就是在背叛我的祖国，对在我心中比所有国王更神圣的上帝不忠。

主席先生，沉溺于希望的幻觉是人的天性。我们往往不愿直视痛苦的现实，而愿沉湎在海中女妖的柔曼歌声里，直到她把我们变成禽兽，这难道是一个聪明人在争取自由的艰苦卓绝的斗争中应持的态度吗？难道我们愿意与那些对自己在人世是否能获得拯救的大问题视而不见、听而不闻的人为伍吗？就我个人而言，不管将承受什么样的精神痛苦，我都愿意正视现实，了解哪怕是最糟的真相，并且做好一切迎接它的准备。

我只有一盏明灯为我指路，那就是经验之灯。我只知道利用过去来判断未来。回顾过去，我真希望弄清英国政府过去10年的所为中到底有什么东西足以使先生们乐于用和平的希望安慰自己及各位代表。难道是它最近接受我们的请愿时露出的阴险微笑吗？不要让别人的亲吻把你给出卖了。请诸位自问，接受我们的请愿时的微笑与如此大规模的海陆战争准备是否相称。难道炮舰和军队是爱护我们及促进和解的必要手段吗？难道我已表示决不愿和解，因此英国政府不得不诉诸武力以赢回我们对它的爱吗？我们还是别再自己欺骗自己吧，先生们。这一切都是战争和征服的工具，是君主们最后的雄辩。请问诸位先生，这些军事部署的目的假如不是迫使我们屈服，那么又会是什么呢？先生们难道能找出别的敌手值得大不列颠帝国调集如此大规模的海陆军队去对付吗？没有，先生们，没有其他敌手。一切都是冲着我们而来的，不是冲着别的任何人。这些海陆军队武装被派往这里的目的，是要把英国政府很多个岁月以来铸造的镣铐锁到我们身上。我们该怎样抵抗呢？还要靠辩论吗？先生们，我们已经辩论10年了，可辩论出什么新的措施了吗？没有。我们已从各个可能的角度辩论过了，但这一切都是徒劳无功。难道我们还要寄希望于哀求和乞求吗？难道还有什么更好的办法我们未曾用过吗？先生们，我恳求各位，不要再自己欺骗自己了。为了阻止这即将来到的战争风暴，我们已做了能做的一切。我们请愿过了，我们抗议过了，我们也哀求过了，我们曾跪拜在英王的宝座前，乞求他出面干涉，制裁内阁和国会的暴虐者。我们的请愿遭到了轻侮，我们的抗议招来新的暴力和羞辱，我们的乞求则被置之不理，我们再也不能沉湎在虚无缥缈的和平希望之中了。和平的希望已不复存在。假如我们想获得自由——假如我们不愿可耻地放弃我们进行已久并且发誓不达目的决不罢休的崇高斗争，那我们就必须战斗。我再说一遍，先生们，我们必须战斗。我们唯一的出路是诉诸武力并求助于万军之主——上帝！

主席先生，他们说我们的力量太单薄，无法与如此强大的敌人抗衡。但是我们何时才能强大起来呢？下周还是明年？是不是要等到家家户户都驻扎着英国士兵的时候？难道我们犹豫不决、无所作为就能获得力量吗？难道高枕而卧，怀抱虚妄的和平希望苟安一时，直到敌人把我们的手脚绑起来，我们就能获得有效的御敌手段吗？先生们，假如我们能恰当地利用万物之主赐予我们的有利条件，我们就并不弱小。我们有300万人民，有如此广阔的国土，假如我们为神圣的自由事业武装起来，那么，任何前来进犯的敌人都无法战胜我们。再说，我们并不是孤军作战。公正的上帝在上，他主宰着各个民族的命运，他会号召我们的朋友们起来和我们并肩战斗。先生们，战争的胜利不仅仅取决于力量的强弱，胜利属于警惕、主动、勇敢的人们。况且，我们别无选择。即使我们真的没有骨气，企图可耻地逃避战争，现在也为时已晚。我们毫无退路，除非甘受屈辱和奴役。囚禁我们的锁链已经铸就！它的叮当声在波士顿的平原上已清晰可闻。战争已不可避免——那就让它来吧！我再说一遍，先生们，让它来吧！

大事化小、小事化了的做法无济于事。先生们大可以高喊：和平！和平！但和平已不存在。事实上战争已经开始！下一阵从北方刮来的风暴将把武器的铿锵送入我们的耳鼓！我们的兄弟们已经身在沙场！为什么我们还在漠然旁观？先生们希望的是什么呢？想达到什么目的呢？难道生命就那么宝贵，和平就那么美好，竟然值得以戴镣铐和受奴役为代价去换取吗？全能的上帝啊，制止这一切吧！我不知道别人会做何选择，至于我，不自由，毋宁死！

莫雅平　译

葛底茨堡演说

亚伯拉罕·林肯

　　亚伯拉罕·林肯(1809—1865)是美国第16任总统。在1861年到1865年的美国内战期间，他曾领导联邦平定了南方奴隶主的武装叛乱，期间颁布过解放奴隶的著名宣言。1865年4月14日，林肯被刺遇难。马克思曾高度评价林肯说："……这位出类拔萃且品德高尚的人竟是那样谦虚，以致只有在他成为殉难者倒下之后，全世界才发现他是一位英雄。"

　　葛底茨堡位于宾夕法尼亚州，1863年7月1日至3日，北方部队曾在此重创南方叛军，从而扭转了内战的局面。役后宾夕法尼亚等州在此修建了葛底茨堡烈士公墓。在公墓落成典礼上，林肯发表了这一演讲。

　　这篇演讲的原文仅10句话，讲了不到3分钟。但由于它感情深沉、思想集中、措辞简练、风格朴实，被公认为世界演讲史上的珍品。作为简洁、朴实文风的典范，本篇自问世以来备受人民推崇，其中的"民有、民治、民享"作为一种伟大的政治理想更是广为后人传颂。

　　87年前，我们的先辈在这块大陆上创立了一个新的国家，她

《林肯雕像》

孕育于自由之中，奉行所有的人生来就平等的原则。

现在我们正投身于一场伟大的内战，以检验这个国家，或任何一个同样孕育于自由且信奉同样原则的国家，是否能够长存。今天我们聚会于这场战争的一个伟大的战场上。我们来此集会，是为了把这战场的一小块土地奉献给那些倒下的人作为最后的安息之地，正是他们在此作出的牺牲使这个国家可望长存。我们这样做是完全合适的、应该的。

但在更深一层的意义上，我们无力奉献这块土地，无力使它更加神圣。因为那些在此战斗过的勇士们，活着的和已牺牲的，已把这块土地变得如此圣洁，我们的微力无法对它增减半分。世界不会注意，也不会记住，我们在这里说了些什么，但它对勇士们在这里的壮举却会永志不忘。我们这些活着的人，倒是更应该在这里把自己奉献给勇士们已如此高贵地推向前进但未完成的事业。我们真应该在这里把自己奉献给那有待我们去完成的伟大任务，真应该从这些光荣的牺牲者身上吸取更多的献身精神，去完成他们为之尽忠的未竟事业。我们要在这里下定决心，使烈士们的血不至于白流，使我们这个国家在上帝的福佑下获得自由的新生，使我们的"民有、民治、民享"的政府能够永世长存。

莫雅平 译

伏尔泰

维克多·雨果

维克多·雨果(1802—1885)是19世纪法国文学家。本演说是1878年雨果在伏尔泰逝世100周年纪念日上的讲话(片段)。伏尔泰是18世纪法国哲学家、文学家、"启蒙运动"的杰出代表,以机智与风趣著称于世,曾用其辛辣的作品和理性的思想影响了18世纪的整个欧洲。

在本演说中,雨果用凝练的语言高度概括了伏尔泰的战斗历程、巨人风采以及历史影响等,号召后人高举伏尔泰等人的旗帜继续走向光明。本演说的语言凝练,极富概括力,如:"他的武器是什么呢?是轻如微风、重似霹雳的一支笔!""微笑!这就是伏尔泰。"等等。

100多年前的今天,有一个人溘然长逝,但他是不朽的。他离开人世时已年及耄耋,著述甚丰,担负过最荣耀也最可怕的责任,那就是"培养良知,教化人类"。他离去时既受到了诅咒,也得到了祝福;旧的时代诅咒他,未来的岁月为他祝福,这两者都是至高无上的荣耀。在弥留之际,一方面,他受到同代人和后代子孙的赞美;另一方面,像其他与旧时代对抗的人所遭遇的一样，那对他满怀深仇大恨的旧时代也曾向他发出气势汹汹的咒骂。他不仅仅是一个人，他是整整一个时代。他影响了世界，完成了一项使命。他显然是奉了上天的旨意来完成他所做的工作的，命运的法则和自然的法则都同样明白地体现了这种天意。

这位伟人生活了84年，经历了鼎盛的君主专制时期和晨曦初露的革命时代。他出生时，路易十四仍然在位；他去世时，路易十六已戴上王冠。因此，他的摇篮映照过王朝盛世的夕阳，他的灵柩沐浴过大深渊射出的曙光。

…………

在那轻薄而阴郁的社会里，伏尔泰独自一人，面对宫廷、贵族和资本——它们沆瀣一气；面对那股毫无意识的势力——芸芸群氓；面对无恶不作的官吏——他们媚上欺下，跪在国王面前，骑在人民头上；面对邪恶的僧侣——他们是伪善和宗教狂热的混合物；伏尔泰独自一人，我再说一遍，他独自一人，向社会的所有互相勾结的邪恶力量宣战，向那茫茫的恐怖世界宣战并与它们进行了生死搏斗。那他的武器是什么呢？是轻如微风、重似霹雳的一支笔！

他就是用这种武器战斗，用这种武器征服。

让我们向他的英灵致敬。

伏尔泰取得了胜利。他发动了一场无比壮观的战争，一场以一敌众的战争，一场惊天动地的战争。这是思想对物质的战争，是理性对偏见的战争，是正义对不义的战争，是被压迫者对压迫者的战争。这是善的战争，是仁爱的战争。他有女性的温柔，也有英雄的愤怒；他有伟大的心灵，也有无边的胸怀。

他战胜了旧的习俗和教条。他战胜了封建君主、中世纪的法官和罗马的教士。他把黎民百姓提高到人的尊严的高度。他教导他们、抚慰他们，为他们播种文明。他曾为西尔旺和蒙贝利而战，曾为卡勒斯和拉·巴雷而战。他承受了所有的威胁、所有的侮辱、所有的迫害、诽谤，还遭到了流放。但他不屈不挠，坚定不移。他用微笑战胜暴力，用讽刺战胜专制，用嘲笑战胜自命不凡，用坚韧战胜固执，用真理战胜无知。

我刚才说到微笑，我得在此停一停。微笑！这就是伏尔泰。

只有希腊、意大利和法兰西三个民族曾以个人的名字来概括和命名时代。我们常说伯里克利时代、奥古斯都时代、列奥十世时代、路易十四时代、伏尔泰时代。这些名称具有重大的意义。只有希腊、意大利、法兰西享有以某些人物的名字来命名时代的特权，而这特权是文明的最高标志。在伏尔泰之前，都是以国家元首来命名时代；但伏尔泰高于国家元首，他是思想王国的君王，一个新的时代从他开始。我们觉得，自他以后，思想成了最高的统治者。从前，文明屈从于武力，此后，它将服从思想。王杖和宝剑被折断了，取代它们的是光明，也就是说权威变成了自由。自他以后，至高无上的主宰对整个人民来说是法律，对每一个个人来说是良心。

《伏尔泰像》 | 加纳瑞

对我们所有的人，进步都包含两个方面，它们是泾渭分明的：一方面，每个人行使自己的权利，也就是说，成为一个人；另一方面，每个人都要履行自己的义务，也就是说，成为一个公民。

…………

让我们面对伏尔泰那伟大的死亡、伟大的生活和伟大的精神。让我们向他神圣的坟墓鞠躬致敬。他在100多年前逝世，因造福人类而不朽，让我们向他请教吧。让我们也向其他伟大的思想家们，如卢梭、狄德罗和孟德斯鸠等求教吧，他们是这个光荣的伏尔泰的助手。让我们与这些伟大的声音共鸣吧。让我们在人类所流的血上加上我们自己的血吧。够了！够了！暴君们。既然野蛮冥顽不化，那就让文明激起义愤吧。让18世纪来帮助19世纪吧。先辈哲人们是真理的真正使徒。让我们唤起他们光荣的英灵，请他们向策划战争的君王们宣布人类生存的权利、良知、追求自由的权利。请他们宣布理性的无上权威，宣布劳动的神圣，宣布和平的圣洁。既然帝王的宝座产生的是黑暗，那就让坟墓放射出亮光吧！

莫雅平 译

就职演说

约翰·F.肯尼迪

约翰·费兹杰拉德·肯尼迪(1917—1963)是美国第35届总统。他1960年作为民主党总统候选人竞选获胜，1961年1月20日在华盛顿宣誓就职。当时他才43岁，是美国历史上最年轻的总统。1963年12月22日，他被刺身亡，成为美国历史上第4位被刺杀的总统。

这篇演说是肯尼迪在其就职典礼上的演说，它用朴实而有力的语言阐明了肯尼迪政府的施政方针，措辞顺畅且有节奏，感情奔放而有节制，具有很强的鼓动性，人们常把它和华盛顿、杰弗逊、林肯、罗斯福等人的就职演说相提并论。

这篇演说在修辞方面极有特色，尤其表现在对比手法的运用上。肯尼迪善于借相悖的事物表达深邃的思想和感情，如："让我们永远不要因畏惧而谈判，但让我们永远不要畏惧谈判"、"现在，号角又在把我们召唤——不是呼唤我们拿起武器，尽管我们严阵以待"、"不要问你们的祖国能为你们做什么，而要问问你们能为自己的祖国做些什么"，等等，深邃的思想、深沉的感情以及逻辑的力量赋予了本演说掷地有声、撼人心魄的威力。

我们今天在此不是祝贺一党的胜利，而是参加自由的庆典。它象征着结束，也象征着开始；意味着换代，也意味着更新。因为人类的毁灭之手已掌握了能扫除人间的所有贫困以及所有人类生命的力量。但是我们的先辈为之战斗过的那一革命信念，今天仍然在全世界引起争议——那信念就是：各种人权不是来自政府的慷慨施舍，而是来自上帝之手的赠予。

今天我们不敢忘记自己是独立革命的后嗣。我们要在此时此地告诉朋友，也告诉敌人，那革命的火炬已传到新一代美国人的手里——他们出生在这个世纪，经历过战争的洗礼，承受过艰难而苦涩的和平的考验；他们为自己悠久的文化传统而自豪；他们不愿目睹或容忍对人类权利的无休止的蹂躏。因为美国一直捍卫的正是那些权利，正是为了它们，我们美国人至今仍在国内和全世界继续献身。

要让每一个国家知道——不管它是祝福我们，还是诅咒我们——我们将不惜任何代价，承受任何重负，迎接任何困难，支持任何朋友，反对任何敌人，以保障自由的长存与胜利！

这就是我们的保证。但不仅仅如此。

对那些和我们有共同的文化、精神血统的昔日盟国，我们保证对他们竭尽忠实朋友的忠诚。团结起来，我们在携手探险的广阔天地里就会无所不能。一旦分裂，我们则会一事无成，因为在争执和分裂中，我们没有勇气面对强大的挑战。

对那些我们欢迎其加入自由行列的新独立的国家，我们保证：决不允许取代殖民统治的只不过是变本加厉的专制暴政。我们并不总是期待这些新国家支持我们的观点。但是，我们永远希望能看到它们坚决地维护自己的自由，并且牢记：在过去，所有企图愚蠢地骑虎扬威的人，无不以葬身虎腹告终。

对遍布半个地球、仍然生活在乡村草舍茅棚的正在为摆脱悲惨境况而奋斗的各民族，我们保证在任何需要的时候尽我们的最大努力帮助他们自助。我们这样做不是由于担心共产主义者或许会和我们争夺阵地，也不是为了他们的选票，而是因为这样做是对的。一个自由的社会假如不能帮助为数众多的穷人，也就不能拯救为数很少的富人。

对我们国界以南的各兄弟国家，我们作出特殊的保证：我们要把自己的友善的言辞变成友善的行动，在一个争取进步的新联盟里，帮助各自由的民族和自由的政府摆脱贫困的锁链。但这充满希望的和平革命，不能成为敌对政权的猎物。我们要告诉我们的所有邻居，我们将和他们联合起来，反对美洲任何地方的侵略与颠覆活动。我们还要让美洲以外的各个国家知道，这个半球上的人民决意继续做自己家的主人。

对联合国这个主权国家的世界集体，在这战争机器远胜于和平机器的时代，我们对它表示最良好的祝愿。我们重申对它的支持：阻止它变成仅是用于国家的作用，扩大它的法令的影响范围。

最后，对那些情愿与我们为敌的国家，我们提出的不是保证，而是一项请求：不要等到科学所释放的毁灭性能量在蓄谋的或以外的人类自毁行为中吞灭整个人类，让我们双方趁早重新开始寻求和平吧。

我们不敢用软弱来诱惑它们。因为只有在我们的武器不容置疑地充足时，我们才能毫无疑问地肯定它们永远不会被使用。

但是，就现在的对峙状况来看，两个强大阵营都不能从角逐中感到舒适——双方都不堪现代武器的巨额耗费的重负，都受到势不可挡地扩散的原子死神的直言警告，然而双方都在拼命改变那延缓人类末日之战的指针转动的本不稳定的恐怖平衡。

因此，还是让我们重新开始吧，同时双方都铭记，谦恭不是软弱的表现，而真诚永远需要得到验证。让我们永远不要因畏惧而谈判，但让我们永远不要畏惧谈判。

让我们双方共同探寻能把我们连为一体的各种途径，而不是为那些把我们拆散的问题争执不休。

首先，让我们双方制定出严肃而明确的方案来检查和控制军备，并且把用以摧毁别国的绝对力量置于所有国家的绝对控制之下。

让我们双方共同去创造科学的奇迹，而不是它的恐怖。让我们一起去探索星球、征服沙漠、根除疾病、开发海底并鼓励艺术和商业贸易。

让我们双方联和起来，在地球的各个角落遵循先知以赛亚的教导："解下沉重的轭，使被压迫者获得自由。"

假如初级的合作能够缓和尔虞我诈的争斗，那就让我们联手作新的努力，不是建立新的势力平衡，而是建立一个法制的世界——在那里，强者公正，弱者无虑，和平受到保护。

所有这些不会在开头的100天里完成，不会在开头的1000天里完成，也不会在我们这届政府受礼实现，甚至也许不会在我们的有生之年内实现。但是让我们开始吧！

我的同胞们，在我的手里，更在你们的手里决定着我们的事业的成败。自从我们这个国家创立以来，每一代美国人都受到了召唤去证明自己对国家的忠诚。无数年轻的美国人响应了这一号召，他们的坟墓遍布世界各地。

现在，号角又在把我们召唤——不是呼唤我们拿起武器，尽管我们需要武装；不是呼唤我们投入战斗，尽管我们严阵以待；而是呼唤我们去承受黎明前的漫长斗争的熬煎，一年又一年，"在希望中欢乐，在苦难中忍耐"，把自己奉献给反对暴政、贫困、疾病和战争本身这些人类的共同敌人的战斗。

难道我们——南方和北方，东方和西方——不能铸成一个反对这些共同敌人的强大的全球联盟，以保证全人类过上更富裕美满的生活吗？难道你们不愿投入这具有历史意义的斗争吗？

在世界的漫长历史中，当自由陷入极端危险之境时，只有为数不多的几代人曾被赋予保卫自由的使命。我决不逃避保卫自由的责任，我欢迎它。我不相信我们之中有谁会把自己的重任推卸给别的民族或另外一代人。我们为这项使命奉献的精力、信念和热忱，将照亮我们的国家以及所有为她尽忠的人，而且这火炬的光辉将真正地照亮整个世界。

我的世界公民同胞们，不要问美国将为你们做什么，而要问问我们能为人类的自由共同做些什么。

最后，不管你们是美国公民还是世界公民，我们要求你们付出力量和牺牲，也请你们用同样高的标准要求我们。有良心的无愧作为我们唯一可靠的赏赐，有历史作为我们行动的最后判官，让我们挺身上前，引导这块我们热爱的土地；让我们祈求上帝的祝福与帮助，同时牢牢记住：在这人间，上帝的努力必须是我们自己的努力！

莫雅平　译

我有一个梦想

马丁·路德·金

　　马丁·路德·金(1929—1968)是美国黑人运动领袖。他出生于牧师家庭，曾就读于克芬萨尔斯神学院、哈佛大学、波士顿大学等5所学校，获得过神学博士学位，1952年成为牧师。作为一名出色的民权运动组织者，金博士毕生致力于黑人争取平等权利的斗争。1955年，他参与并领导了蒙哥马利市黑人拒绝坐公共汽车的著名运动，迫使美国最高法院取消了在公共汽车上实行的种族隔离。1962年，他在乔治亚州发动了奥尔巴运动。1963年，他组织了伯明翰黑人争取自由平等权利的大规模示威游行。金博士的政治主张的核心是非暴力主义，当黑人运动发展至武装抗暴时，这种主张在一定程度上起到了瓦解斗争的作用。1964年，马丁·路德·金因"为世界有色人民树立了榜样"而荣获诺贝尔和平奖。1968年4月4日，他在田纳西州孟菲斯城遇刺身亡，他的非暴力主义在他的血泊中宣告破产。

　　1963年8月28日，10个黑人组织在华盛顿举行由25万人参加的"自由进军"，示威群众从华盛顿纪念碑出发，分两路游行到林肯纪念堂。在林肯纪念堂前，被誉为"黑人之音"的马丁·路德·金发表了这篇著名的演说。在这篇演说中，金博士以美国宪法和《解放宣告》为依据，控诉了黑人所遭受的不公平待遇，抒发了黑人合法的不满，号召黑人有理、有力、有节地进行争取自由的斗争。从"用灵魂的力量对抗暴力"的非暴力主义主张，我们可以看出基督教对金博士的深远影响。这篇演说文字优美、语言辛辣、铿锵有力。从修辞的角度看，其中排比句的运用是极为成功的，它们不仅显示了演说者的思想和情感的逻辑层次，还形成了一种后浪推前浪的排山倒海之势。

今天，我很高兴加入你们的行列，这次示威将作为美国历史上最伟大的争取自由大游行而名垂青史。

100年以前，一个伟大的美国人——我们今天正站在他的灵魂安息之地——签署了《解放宣言》。这一重要法令对数百万被非正义的毁灭性烈焰烧灼的黑奴来说，如光明与希望的灯塔。它的问世像欢快的黎明打破了奴役的漫漫长夜。

但是100年后的今天，黑人仍然不自由。100年后的今天，黑人的生活仍然悲惨地为种族隔离与歧视的镣铐所束缚。100年后的今天，黑人仍然生活在贫困的孤岛上，在物质财富的浩瀚海洋中飘摇。100年后的今天，黑人仍然在美国社会的角落受难并发现自己在自己的国土上成了流亡者。因此，我们今天来这里把这一充满耻辱的状况戏剧性地表现一下。

在某种意义上说，我们是来首都兑现支票的。合众国的缔造者们在撰写《宪法》和《独立宣言》的堂皇字句时，实际上是签署了一张期票，每一个美国人都是这张期票的合法继承人。这张期票是一项允诺，即保证所有的美国人——非但白人还有黑人——都享有生活、自由和追求幸福的不可剥夺的权利。

但是，就今天美国黑人公民的状况而言，美国显然没有兑现那张期票。美国没有履行那神圣的诺言，而是给了黑人一张空头支票——这张支票被以"资金不足"为由而拒付。但是，我们绝不相信正义的银行会破产。我们绝不相信这个国家储存机遇的巨大金库竟会"资金不足"！

因此，我们来此兑现这张支票——它将赋予我们自由的财富和正义的保障。

我们来到这个被奉为圣地的地方，其另一目的是提醒美国，刻不容缓的时刻到了。现在已没有时间奢谈冷静、温良，没有时间去服用渐进主义的麻醉剂。兑现民主诺言的时刻到了，从种族隔离的黑暗、荒凉的山谷走向阳光普照的种族争议之路的时刻到了，把美国从种族迫害的流沙移至兄弟情谊的坚固基石上的时刻到了，为上帝的所有儿女实现正义的时刻到了。

忽视此刻事态的紧迫性会给美国造成致命的危害。没有自由与平等，黑人合法的不满就不会平息，有如在令人神清气爽的秋天来临之前，酷热的夏天不会逝去一样。1963年不是结束，而仅仅是开始。

假如美国继续一意孤行，那些满以为黑人只需出出气就会满足的人们就会受到当头棒喝。在黑人获得公民权之前，美国将不会有平静和安宁。反叛的狂飙将继续动摇美国的基础，直到正义的朗朗蓝天出现。

但是，我必须对我的站在通往正义圣殿的温暖门槛上的人民进一言。在争取合法权益的过程中，我们绝不能采取不法行动。我们不饮仇恨的苦酒止自由之渴。

我们必须永远居高临下地继续我们的斗争，严守纪律且带着尊严。我们绝不能使我们的建议性抗争沦落为低下的暴行。我们必须不断地升华到用灵魂的力量对抗暴力的崇高境地。

席卷整个黑人社会的新的战斗气氛令人赞叹，但它不应该导致我们所有白人的兄弟也参加我们这个集会，这表明他们已经逐渐意识到他们的命运和我们的自由休戚与共。

我们不能独自前进，而且前进的时候，我们必须勇往直前，义无反顾。有些人问我们这些热心追求公民权利的人说："你们何时才能满足？"只要黑人仍然受不堪言的警察暴行的恐怖戕害，我们就永远不会满足；只要我们因四处奔波而疲惫的身体仍然在公路边的汽车旅馆和大城市的宾馆找不到栖身之所，我们就永远不会满足；只要黑人的基本活动范围仍然不过是从一个较小的黑人区到一个较大的黑人区，我们就永远不会满足；只要我们的孩子仍然被一个又一个声称"只限白人"的招牌剥夺掉人格的尊严，我们就永远不会满足；只要密西西比的黑人不能参加投票选举，而纽约的黑人相信自己的一票毫无实际意义，我们就不会满足。除非正义汹涌如潮，自由形成飞瀑。

我并不是没有注意到你们有些人刚从巨大的痛苦与磨难中来到这里。你们有些人来自狭窄的牢房，还有一些人来自那些对争议的追求竟会接二连三地招致迫害的风暴和警察的兽行地区。你们已坚韧地、创造性地挺了过来。那就带着无辜受难者一定会获得拯救的信念继续抗争吧。

回到密西西比去吧，回到阿拉巴马去吧，回到南卡罗莱纳去吧，回到乔治亚去吧，回到路易斯安那州去吧，既然知道当前的状况能够而且必将改变，那就回到我们北方城市的贫民窟和黑人区去吧，我们绝不能迷失在绝望的深渊。

今天，我告诉你们，我的朋友们，尽管我们必须面对今天和明天的艰难困苦，我仍然有一个梦想，这梦想深深植根于美国之梦。我梦想着，将来某一天，我们这个国家会奋起并按其信条的真正含义去生活——"我们相信所有的人生来就平等是不言自明的真理。"

我梦想着，将来某一天，在乔治亚的红色山岭上，农奴的儿子和农庄主的儿子能够像兄弟一样平起平坐。

我梦想着，将来某一天，就连被非正义和压迫的酷热变成一片荒芜的密西西比，都将变成自由和正义的绿洲。

我梦想着，将来某一天，我的4个孩子能生活在一个不是以他们的肤色而是以他们的品性来判断他们的价值的国度里。

我梦想着，还会有那么一天，在阿拉巴马——其现任州长是邪恶的种族主义者，以横加指责和干涉黑人的行动为能事——将来某一天，就在这个阿拉巴马，黑人儿童和白人儿童会像兄弟姐妹一样携起手来。

我梦想着，会有那么一天，所有的山谷被填满，所有的山峰被夷平，崎岖的地带被铲平，坎坷的地方成平川，上帝的荣光将再次出现，芸芸众生将共睹神采。

这就是我们的希望。这就是我将带回南方的信念。有了这种信念，我们就能从绝望的群山中掘出希望的宝石；有了这种信念，我们就能把美国的嘈杂与喧嚣变成一曲优美的兄弟情谊交响乐；有了这种信念，我们就能一起工作，一起祈祷，一起斗争，一起坐牢，一起挺身而出，争取自由，因为我们知道，总有一天我们会获得自由。

会有那么一天，会有那么一天上帝的所有儿女将带着新的意义齐声歌唱：

> 我的祖国啊，
>
> 甜蜜的自由之邦，
>
> 我在把你歌唱——
>
> 我们的祖先曾在乡终老，
>
> 清教徒们曾为登上此土而自豪，
>
> 从一个山角到另一个山角，
>
> 自由之声响彻云霄。

须等这变成现实，美国才能成为一个伟大的国家。因此该让自由之声响彻新汉普舍的崇山峻岭，让自由之声响彻宾夕法尼亚的阿勒格尼河流域！

让自由之声响彻加利福尼亚轮廓俊秀的群峰！但不仅仅如此，让自由之声响彻乔治亚的石山！

让自由之声响彻田纳西的鲁克奥特山！

让自由之声响彻密西西比的每一个山峦和土丘。从一个山角到另一个山角，让自由之声四处回荡。

一旦我们让自由之声响彻四方，从一个村庄到另一个村庄，从一个城市到另一个城市，从一个州到另一个州，那我们就能加速那美好日子的来到——到那一天，上帝的所有儿女，黑人和白人，犹太人和异教徒，新教徒和天主教徒就能携起手来，同声欢唱那古老的黑人圣歌："终于自由了，终于自由了！感谢全能的上帝，我们终于获得了自由！"

莫雅平　译